国家示范性中等职业学校重点建设专业教材

Qiche Jichu Dianqi Shixun Jiaocai
汽车基础电器实训教材

（第二版）

李东江　汪胜国　王成波　主　编

人民交通出版社股份有限公司
China Communications Press Co.,Ltd.

内 容 提 要

本书是国家示范性中等职业学校重点建设专业教材，详细介绍了实训中所要接触到的汽车电器基础知识，涉及万用表的使用、电器（电子）元件的认知、基本电路的连接、欧姆定律（串、并联）电路的验证、汽车电路的认知、传感器的认知、执行器的认知等内容。

本书适合中等职业学校汽车运用与维修专业的学生使用。

图书在版编目（CIP）数据

汽车基础电器实训教材 / 李东江，汪胜国，王成波主编. —2版.—北京：人民交通出版社股份有限公司，2017.6

ISBN 978-7-114-13833-1

Ⅰ.①汽… Ⅱ.①李… ②汪… ③王… Ⅲ.①汽车—电气设备—中等专业学校—教材 Ⅳ.①U463.6

中国版本图书馆CIP数据核字（2017）第110810号

国家示范性中等职业学校重点建设专业教材

书　　名：	汽车基础电器实训教材（第二版）
著 作 者：	李东江　汪胜国　王成波
责任编辑：	李　良
出版发行：	人民交通出版社股份有限公司
地　　址：	（100011）北京市朝阳区安定门外外馆斜街3号
网　　址：	http://www.ccpress.com.cn
销售电话：	（010）59757973
总 经 销：	人民交通出版社股份有限公司发行部
经　　销：	各地新华书店
印　　刷：	北京市密东印刷有限公司
开　　本：	880×1230　1/16
印　　张：	9
字　　数：	250千
版　　次：	2010年9月　第1版
	2017年6月　第2版
印　　次：	2017年6月　第2版　第1次印刷　累计第6次印刷
书　　号：	ISBN 978-7-114-13833-1
定　　价：	22.00元

（有印刷、装订质量问题的图书由本公司负责调换）

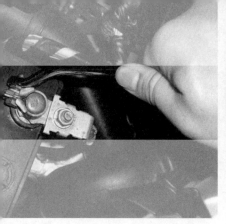
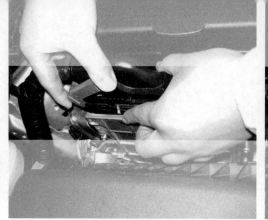

国家示范性中等职业学校重点建设专业教材

专家委员会

专家委员： 赵丽丽　朱　军　李东江　刘　亮　林邦安　王志勇
卞良勇　焦建刚

编写委员会

编写委员： 陈建惠　黄元杰　顾雯斌　陆志琴　孟华霞　方志英
方作棋　王成波　忻状存　颜世凯　林如军　王瑞君
汪胜国　麻建林　徐宏辉

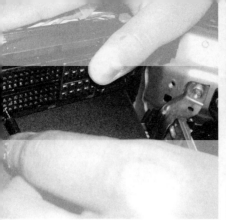

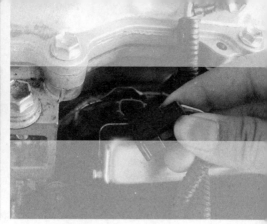

序

我国的汽车保有量急剧增加,公路交通建设快速发展,这对汽车维修等汽车后市场的发展提出了更高的要求。近年来,尽管我国职业教育取得了很大的成就,但是有些职业院校的教学并没有完全反映企业的实际需求和学生的职业发展规律。职业教育的"职业性"不强,这已成为困扰职业教育适应行业企业发展需要的瓶颈问题。

事实上,这并不是我国所独有的问题,世界各国和地区也都在通过不同手段探索相应的解决方案。20世纪末,大众、宝马、福特、保时捷等六大国际汽车制造巨头曾在德国提出过一个《职业教育改革七点计划》,建议职业教育应在以下七个方面做出努力:

1. 加强文化基础教育——为青年人的生涯发展打下良好基础,包括掌握基本文化基础和关键能力。

2. 资格鉴定考试中加强定性评估——将职业资格鉴定与企业人力开发措施结合起来,资格考试按照行动导向和设计(Shaping)导向的原则进行。

3. 传授工作过程知识——职业院校应针对特定的工作过程传授专业知识,采用综合性的案例教学,并着力培养团队能力。

4. 学校和企业功能的重新定位——通过学校和企业的共同努力,提高职业教育质量:学校是终身学习的服务机构,企业成为学习化的企业。

5. 采用灵活的课程模式——通过核心专业课程奠定统一而扎实的专业基础,必要时包含具有地方和企业特征的教学内容。

6. 职业教育国际化——建立学校教育和企业培训质量互认,促进各国职业资格证书的可比性和透明度。

7. 促进校企合作的发展——企业和职业院校合作创办高水平职业教育机构,促进贴近工作岗位的职业教育典型实验和相关研究。

这一建议至今看来都有十分重要的借鉴意义。职业院校以市场和需求为导向的课程和教材建设,应当从专业所面向的职业工作任务出发,明确学习目标和学习内容,从而为学生的就业和职业生涯发展奠定必要的基础,这不论是在理论上还是实践上都面临着巨大的挑战。这里不仅要引入先进的职业教育理念,需要丰富的职业实践经验,而且需要把先进、实用的技术有针对性地与职业院校的教学工作有机结合起来。

中国汽车工程学会组织编写的这套教材在以上方面进行了有益的探索。教材充分利用了"蕴藏在实际工作任务的教和学的潜力",按照工作组织安排学习,可以为学习者提供面向实际的学习机会。希望这套教材的出版不但能帮助职业院校更快、更好、更容易地培养出社会亟需的技能型人才,而且也能为我国职业教育的教学改革提供有价值的经验。

北京师范大学职业与成人教育研究所

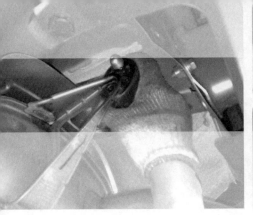

第二版前言

本套教材第一版的编写是由中国汽车工程学会汽车应用与服务分会与宁波市鄞州职业高级中学于2010年合作完成的。中国汽车工程学会汽车应用与服务分会的指导专家主要从"教什么"入手，结合一线教师企业调研提炼汽车维修的"典型工作任务"，之后围绕这些典型工作任务逐项提升教师自身的动手能力；在帮助教师熟练掌握维修技能后，指导他们将典型工作任务转化为学习任务，并据此设计课程，编写教材，解决了"怎么教"的问题。教材自出版以来，反馈良好，已数次重印。

近年来，汽车行业飞速发展，职教改革不断深入，对汽车专业的教学提出了新的要求，因此，我们于2016年下半年启动了本套教材的修订工作。本次修订结合了一线教师教学过程的总结与企业实践的思考，对第一版中部分不尽合理的操作步骤做了调整，对表述不规范的地方做了修改，对读者反馈的问题做了梳理，使内容更加规范合理，更加贴近教学要求，旨在为汽车职业教育教学提供更好的服务。

本套教材的内容包含了最基本的汽车维护实训项目，最典型的发动机维修、发动机电控系统故障诊断、汽车底盘和车身电器检测实训项目，以及为完成以上维修项目所必须掌握的汽车维修基础技能实训项目。在实训项目的选取上，本套教材紧扣中等职业学校汽车维修专业的培养目标，充分体现"必需、够用"原则，同时完全贴合教育部"全国职业院校技能大赛"中职汽车维修专业的比赛项目。

本套教材图文并茂地展现了技能教学的全过程，极大提升了教学的形象化和直观化，同时在每个步骤中都有要领提示，强化了汽车维修作业的规范性和作业技巧。在教学过程中，注重体现了汽车服务企业的5S管理，以使学生在掌握技能的同时提高职业素养。在每个任务的后面还给出了技能考核的参考标准，以便于教学效果的考评。

本书由李东江、汪胜国、王成波担任主编。

限于编者的经历和水平，书中难免有不妥或错误之处，敬请广大读者批评指正，提出修改意见和建议，以便再版修订时改正。

编　者
2016年12月

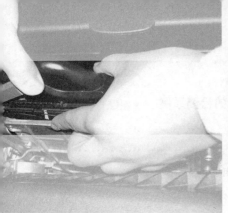
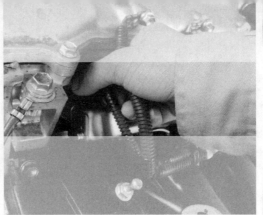

目录 CONTENTS

任务1 汽车电器常用元件认知
一、任务说明 …………………………… 1
二、技术标准与要求 …………………… 1
三、实训时间：80min ………………… 2
四、实训教学目标 ……………………… 2
五、实训器材 …………………………… 2
六、教学组织 …………………………… 2
七、操作步骤 …………………………… 2
八、考核标准 …………………………… 16

任务2 汽车常用电子元件认知
一、任务说明 …………………………… 18
二、技术标准与要求 …………………… 18
三、实训时间：60min ………………… 18
四、实训教学目标 ……………………… 18
五、实训器材 …………………………… 18
六、教学组织 …………………………… 18
七、操作步骤 …………………………… 19
八、考核标准 …………………………… 33

任务3 基本电路的连接
一、任务说明 …………………………… 35
二、技术标准与要求 …………………… 35
三、实训时间：60min ………………… 36
四、实训教学目标 ……………………… 36
五、实训器材 …………………………… 36
六、教学组织 …………………………… 36
七、操作步骤 …………………………… 37
八、考核标准 …………………………… 45

任务4 基本电参数测量
一、任务说明 …………………………… 47
二、技术标准与要求 …………………… 48
三、实训时间：40min ………………… 48
四、实训教学目标 ……………………… 48
五、实训器材 …………………………… 48
六、教学组织 …………………………… 48
七、操作步骤 …………………………… 48
八、考核标准 …………………………… 58

任务5 基本电路状态检测
一、任务说明 …………………………… 60
二、技术标准与要求 …………………… 61
三、实训时间：40min ………………… 61
四、实训教学目标 ……………………… 61
五、实训器材 …………………………… 62
六、教学组织 …………………………… 62
七、操作步骤 …………………………… 62
八、考核标准 …………………………… 66

任务6 全车电路识读与分析
一、任务说明 …………………………… 68
二、技术标准与要求 …………………… 68
三、实训时间：40min ………………… 68
四、实训教学目标 ……………………… 68
五、实训器材 …………………………… 68
六、教学组织 …………………………… 68
七、操作步骤 …………………………… 69
八、考核标准 …………………………… 74

任务7 有源传感器的基本检测

一、任务说明 ··················· 75
二、技术标准与要求 ··············· 76
三、实训时间：40min ·············· 76
四、实训教学目标 ················ 76
五、实训器材 ··················· 76
六、教学组织 ··················· 77
七、操作步骤 ··················· 77
八、考核标准 ··················· 81

任务8 有源传感器的检测举例

一、任务说明 ··················· 83
二、技术标准与要求 ··············· 83
三、实训时间：40min ·············· 84
四、实训教学目标 ················ 84
五、实训器材 ··················· 84
六、教学组织 ··················· 84
七、操作步骤 ··················· 84
八、考核标准 ··················· 94

任务9 无源传感器的基本检测

一、任务说明 ··················· 96
二、技术标准与要求 ··············· 96
三、实训时间：40min ·············· 96
四、实训教学目标 ················ 96
五、实训器材 ··················· 97
六、教学组织 ··················· 97
七、操作步骤 ··················· 97
八、考核标准 ··················· 102

任务10 无源传感器的检测举例

一、任务说明 ··················· 104
二、技术标准与要求 ··············· 104
三、实训时间：40min ·············· 105
四、实训教学目标 ················ 105
五、实训器材 ··················· 105
六、教学组织 ··················· 105
七、操作步骤 ··················· 105
八、考核标准 ··················· 114

任务11 汽车执行元件的基本检测

一、任务说明 ··················· 116
二、技术标准与要求 ··············· 116
三、实训时间：40min ·············· 116
四、实训教学目标 ················ 116
五、实训器材 ··················· 116
六、教学组织 ··················· 116
七、操作步骤 ··················· 117
八、考核标准 ··················· 122

任务12 汽车执行元件的检测举例

一、任务说明 ··················· 123
二、技术标准与要求 ··············· 123
三、实训时间：40min ·············· 124
四、实训教学目标 ················ 124
五、实训器材 ··················· 124
六、教学组织 ··················· 125
七、操作步骤 ··················· 125
八、考核标准 ··················· 131

任务 1 汽车电器常用元件认知

一 任务说明

❶ 汽车电路图中常用的图形符号

（1）限定符号：主要有直流"—"、交流"~"、正极"+"、负极"−"、中性点"N"、磁场"F"、搭铁"⊥"、发电机输出接线端"B"、磁场二极管输出端"D+"。

（2）连接符号：主要有接点、端子、可拆卸的端子、导线的连接、导线的分支连接、孔端的一个极、针端的一个极。

（3）触点与开关符号：涉及汽车上的动合触点、动断触点、联动开关、按钮开关、热敏开关等符号。

❷ 导线的颜色

为了便于识别和检修汽车电气设备，通常将电线束中的低压线采用不同的颜色区分。在选配线时，习惯采取两种选用原则，即以单色线为基础的选用和以双色线为基础的选用。导线颜色的标注采用颜色代号表示，如下表所示。例如，单色导线，颜色为黑色，以中国为例标注为"B"；双色导线，第一色为主色（红色），第二色为辅助色（白色），标注为"RW"。

颜色	国家					颜色	国家				
	中国	英国	美国	日本	德国		中国	英国	美国	日本	德国
黑色	B	Black	BAK	B	SW	蓝色	Bl	Blue	BLU	L	BL
白色	W	White	WHT	W	WS	灰色	Gr	Grey	GRY	Gr	
红色	R	Red	RED	R	RT	紫色	V	Violet	PPL	Pu	VI
绿色	G	Green	GEN	G	GN	橙色	O	Orange	ORN	Or	
黄色	Y	Yellow	YEL	Y		粉红	P	Pink	PNK	P	
棕色	Br	Brown	BRN	Br	BK	深绿		Dark Green	DAK GRN		

❸ 数字式万用表

数字式万用表是最常用的电工测量仪表之一，它具有功能齐全、操作简便、便于携带、性价比高等特点。常见的数字式万用表可以测量电阻、电压、电流、电容、三极管、温度等参数。本项目涉及电阻挡的使用，其测量范围有"200Ω""2kΩ""20kΩ""200kΩ""20MΩ"五个量程，可以用来检测熔断器、继电器、开关等汽车电器常用元件的性能。量程的每个挡位表示其可测量的最大值。

二 技术标准与要求

（1）使用的数字式万用表型号为VC890C+。

（2）检测继电器性能时，开关电源提供12V直流电压，使用时注意用电安全。

三 实训时间 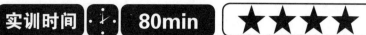 80min ★★★★

四 实训教学目标

（1）汽车常用电器元件的辨识及其符号认知。
（2）万用表结构的熟悉及电阻挡使用。
（3）汽车电器常用元件的作用、分类、标示的了解及其性能参数的检测。
（4）汽车电器常用元件损坏形式的了解。
（5）汽车电气设备组成、特点的了解。

五 实训器材

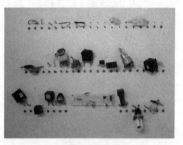
基本电路示教板

12V电源

数字万用表

六 教学组织

1 教学组织形式

每块示教板安排一组两名学生实训。两名学生实行职责变换制度，一位学生为主，另一位为辅，进行轮换操作。

2 实训教师职责

讲解操作步骤和注意事项；下达"操作开始"口令；工位间巡视、检查、指导和纠正错误。

3 学生职责变换

两名学生实行职责变换制度，即第一遍1号为主，2号为辅助；第二遍2号为主，1号辅助。

七 操作步骤

★ 第一步 万用表的认知与电阻挡的规范使用

 操作面板介绍。

1）液晶显示屏

提示：

（1）面板上部为液晶显示屏，显示仪表测量的数值。

（2）严禁刻画、涂写和敲击液晶显示屏。

2）旋钮开关

提示：

（1）面板中间部位为旋钮开关，用于选择测量功能与测量量程。

（2）切换量程时，旋转速度不得过快。

（3）切换功能或量程前，测试表笔应离开被测部件。

3）测试孔端

提示：

（1）测试孔端，根据要求选用测量功能、量程。

（2）测量时孔端按要求选用。

 测试孔端选取。

提示：

（1）电阻测量时，红笔插入"VΩ"孔，黑笔插入"COM"孔。

（2）注意插孔不得错用。

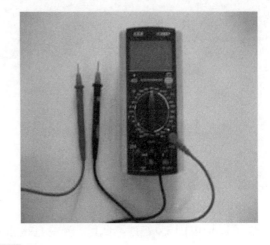

3 校零。

把量程开关旋至电阻量程"200Ω"挡，红黑表笔直接接触，显示屏上数值为电阻挡误差值。

提示：

（1）校零时，手指或其他杂物不能碰到表笔。

（2）表笔接触应牢靠。

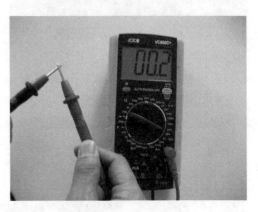

4 量程的选取。

提示：

（1）根据电阻的标称值选择量程。

（2）要使标称值被挡位值覆盖且最接近挡位值。

（3）对于未知电阻（未标注），应先选择最大电阻挡，再逐渐降低挡位，直到屏幕显示最多的有效数字。

 测量。

1）方法一

左手握住电阻器绝缘部位，右手握笔跨接被测量电阻引脚。

提示：

人体部位不能接触被测电阻引脚或表笔。

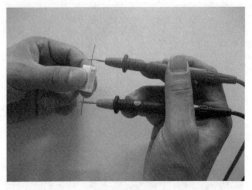

2）方法二

也可以把电阻器放在桌子上，表笔直接搭在测试脚上。

注意事项：

（1）万用表显示"1"，说明万用表电阻挡量程选取不够大或电阻器断路，可选取量程大的挡位测量，如果选取"20MΩ"挡仍显示"1"，说明电阻器断路。

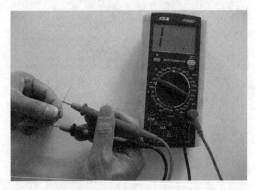

（2）万用表显示"0.00"，说明万用表量程选取过大或电阻器短路，选取量程小的挡位继续测试，如果"200Ω"挡仍出现"0.00"或远远小于电阻原标称的数字，可判定电阻器短路。

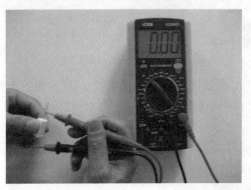

 关机。

把换挡开关旋到"OFF"挡。

提示：

万用表装复前应关机。

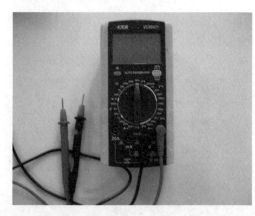

 表笔恢复。

手握表笔头把表笔轻轻从孔端中拔出，红黑表笔绕在一起。

提示：

（1）取表笔时力度过大，易损坏表笔和孔端。

（2）表笔线忌胡乱缠在一起。

 万用表装复。

提示：

万用表在盒内的放置要规范。

第二步 导线的认知

1 导线的定义。

导线是由铜、铝等导电材料制成的线,由单根或多根绞并而成,用来输送电流。电路图中导线的符号为"——"。

2 导线截面积。

汽车线束内的电线常用规格有标称截面积为 0.5 mm²、0.75 mm²、1.0 mm²、1.5mm²、2.0mm²、2.5mm²、4.0mm²、6.0 mm²等规格的电线,它们各自都有允许负载电流值。导线的截面积根据工作电流的大小来选取,对于一些电流特别小的电器,为了保证应有的强度,导线的截面积不得小于0.5mm²。

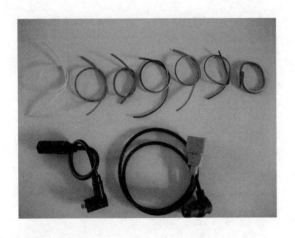

3 导线的标识。

导线的截面积标注在颜色代码前面,单位为毫米时不标注,如:1.25R 表示导线截面积为 1.25mm² 的红色导线;1.0G/Y 表示导线截面积为1.0mm² 的双色导线,主色为绿色,辅助色为黄色。

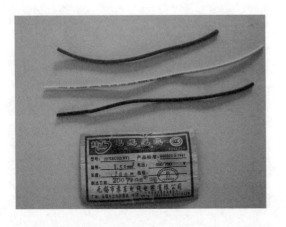

4 汽车用导线的分类。

汽车用导线有普通单(双)色导线、屏蔽线、搭铁线、高压线和线束等。

(1)普通单(双)色线:汽车导线颜色的用途也有规定,一般是车厂自定的标准。

①单色导线指绝缘表面为一种颜色的导线(下图上排)。

②双色导线指绝缘表面为两种颜色的导线(下图下排)。

③主色指双色导线中面积比例大的颜色。

④辅助色指双色导线中面积比例小的颜色。

(2)屏蔽线:屏蔽线将元件、部件、导线包围起来,以控制电场、磁场和电磁波由一个区域对另一个区域的感应和辐射,防止它们受到外界电磁场的影响或对外产生电磁干扰,所以屏蔽体具有防止(减弱)干扰的功能。

①汽车上的不少传感器的导线(如曲轴位置传感器、相位传感器等)及解码仪连接线均属于屏蔽线。

②屏蔽线常见故障是屏蔽层破损,失去(减弱)屏蔽作用。

(3)搭铁线:搭铁线是汽车电路的公共端,相当于交流电路的零线,是电流的回路。

搭铁线常见的故障有紧固螺栓松动,或者重接搭铁线时随便安装,或者搭铁线接头氧化、腐蚀而电阻增大。这些故障都会造成接触不良,迫使电流试图通过另外的回路,引起电压下降或工作失效。

搭铁线

（4）高压线：车用高压线的线芯一般是金属材质，主要有铁、铜或其他合金，也有用半导体或碳材质的。作用为传输由点火线圈产生的高电压。

高压线常见损坏形式为绝缘层老化、破损等现象。如发现有上述情况就要及时更换，否则，将影响点火能量。

（5）线束：线束组成的形式基本上是一样的，都是由电线、联插件和包裹胶带组成。

①在汽车上，为了安装方便和保护导线，将同路的许多导线用棉纱编制物或聚氯乙烯塑料带包扎成束，称为线束。

②线束常见损坏形式：主要是因包裹胶带老化、破损导致导线的松散和损伤。

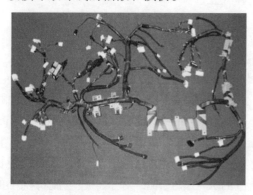

5 导线的常见损坏形式。

（1）老化。
（2）起皮破损。
（3）压扁。

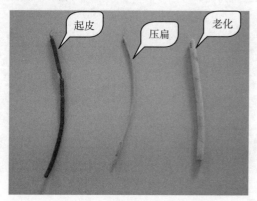

起皮　　压扁　　老化

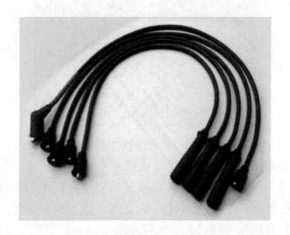

第三步　连接器的认知

1 连接器的功能。

连接器用在线束之间或者在线束和电器组件之间，功能是提供电气连接。连接器一般分为针端和孔端两种。

（1）针端指连接器带针的那一端。
（2）孔端指连接器带孔的那一端。

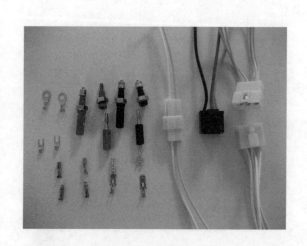

2 连接器的符号。

连接器的符号为"⊓"（双头连接器），其类型可以按头数、接触体形状、连接类型、是否防水等来分。

（1）按头数有单头、双头、四头、六头等类型。

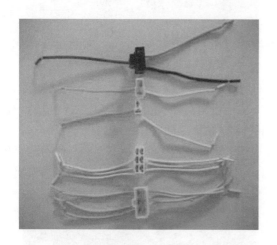

（2）按接触体形状有针端、孔端之分，其中符号"⊢"为针端，"—("为孔端。

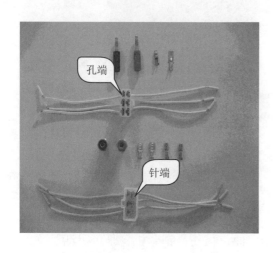

（3）按连接器连接类型有导线间连接的连接器和导线与零件连接（下图导线与喇叭、灯泡连接）的连接器。

（4）按是否防水分有防水型（图上已标）和不防水型（图上未标注的三个）。

提示：

禁止用尖锐物去扎破防水套。

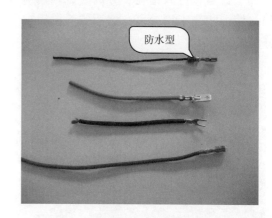

（5）按是否防短路可分为防短路型和不防短路型；防短路型连接器主要应用在安全气囊的连接中。

3 连接器锁止类型。

（1）直插式：先将针端主键与孔端上的主键槽对准后，将针端插入孔端，然后用力推尾部附件直至推不动，并伴有响声或震动为止，即为连接到位。分离时，直接拉动锁紧套，即可使针端与孔端分离。

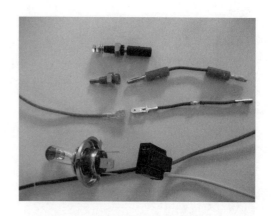

（2）卡扣式：连接时，先将针端上的键或键槽与孔端上的键槽或键对准，然后将针端插入孔端，直到感觉有卡扣落入槽孔的震动或发出"嗒"的一声为止，并检查锁紧扣是否在到位指示处或卡钉是否进入槽孔。分离时，稍向前按下卡扣，使卡扣与卡槽分离，然后顺势向后拉开即可分离。

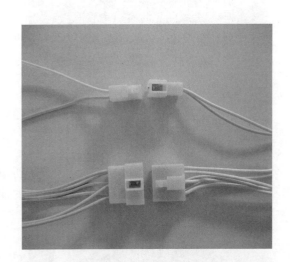

（3）推拉式：连接时，先将针端两侧的簧片拉出，然后使针端与孔端的定位圆角吻合后，将针端插入孔端，再将针端两侧的簧片推入，即可连接到位。分离时，首先将针端两侧的簧片拉出，然后用力拔出针端即可分离。

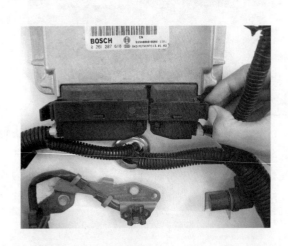

（4）扣环式：连接时，先将针端对准孔端插入后，再将针端上的两侧外扳（内压），使扳手上两扣环挂在孔端两侧的耳钩上，然后将扳手扳到紧贴针端壳体的位置，即为连接到位。

①根据震动情况及重要程度，可在针端两扳手之间打上保险。

②分离时，将两扳手外扳（内压），使两扣环脱出两耳钩，然后拔出针端，实现分离。

（5）螺钉锁紧式。

①连接时，先将针端与孔端导向件对准，然后将针端插入孔端，直至贴合，再将针端、孔端两侧的螺钉拧紧，即为连接到位。

②分离时，先将两侧的螺钉完全松开，然后均匀用力将针端从孔端中拔出，即实现分离。

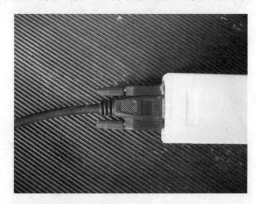

4 连接器检测注意事项。

（1）操作人员应充分了解所要操作的电连接器，熟悉其操作方法，以保证正确操作。

（2）使用电连接器前，应进行必要的检查，是否存在多余物、污染、损坏、锈蚀等；密封垫、密封圈、防松装置等零件是否完备；接触件有无弯曲、损伤；锁紧机构是否灵活、失效等，这些是连接器常见损坏形式。

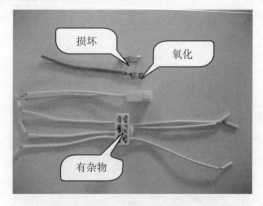

（3）连接电连接器时，应注意避免尾部附件受力松动和电缆线芯受力损伤。电连接器在未正确连接到位并完全锁紧前，禁止通电。

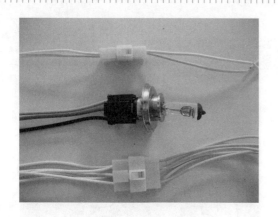

5 连接器端编号，符号类型。

继电器盒上有插接元件符号，例如3/49a：3表示继电器盒上12号继电器座的3号插孔端，49a表示继电器/控制器上的49a针端。

♣ 第四步 熔断器的认知

1 熔断器。

俗称保险丝，在电路中起保护作用。当电路中流过超过规定的电流时，熔断器的熔丝自身发热而熔断，切断电路，防止烧坏电路连接导线和用电设备，并把故障限制在最小范围内。

（1）熔断器符号为"—▭—"。

（2）其主要参数为额定电压和额定电流。额定电压是指熔断器长期正常工作所能承受的最高电压，如250V、500V等。额定电流是指熔断器长期正常工作所能承受的最大电流，如10A、20A等。

（2）管状熔断器：由玻璃熔丝管和固定架组成，玻璃熔丝管两端固定有金属帽。额定电流范围是0.1~10A。

管状熔断器常见故障有玻璃管破裂、熔丝断裂、金属帽氧化等。

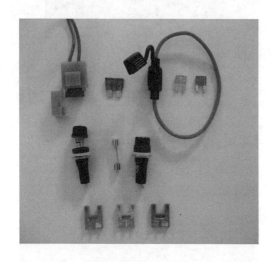

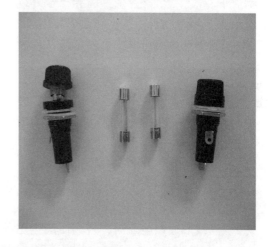

2 汽车用熔断器形式。

常见有插片式、管状两种形式。

（1）插片式熔断器：不同颜色的熔断器表示不同的通过能力，并且在熔断器上有数字表示额定电流或额定电压。

插片式熔断器常见损坏形式有熔丝断裂、插脚氧化、绝缘套破裂等。

3 熔断器检测方法。

（1）检测熔丝：万用表置于"200Ω"挡，两表笔与熔断器两插脚或两端金属帽相接，阻值"∠0.5Ω"为正常，如阻值为无穷大说明该熔丝已断。

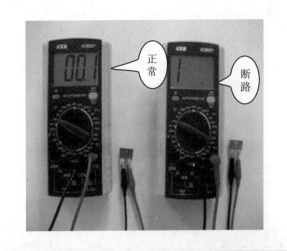

（2）检测熔断器结构：检测熔断器的各个连接点是否接触良好，有无裂纹，接触松动现象。

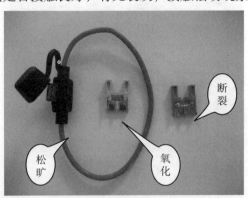

▲ 第五步 继电器的认知

1 继电器的作用。

继电器是一种常用的控制器件，它可以用较小的电流来控制较大的电流，用低电压来控制高电压，用直流电来控制交流电等，并且可实现控制电路与被控制电路之间的完全隔离。不同的继电器有不同表示方法，如"中/"为常开式断电器符号，继电器的文字符号为"K"。

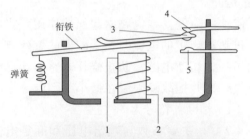

2 继电器的结构。

电磁继电器一般由铁芯、电磁线圈、衔铁、复位弹簧、触点（3、4、5）、支座及引脚（1、2）等组成，如右图所示。

（1）电磁继电器的工作原理并不复杂，它主要是利用电磁感应原理而工作的。

（2）当线圈通以电流时，线圈便产生磁场，线圈中间的铁芯被磁化产生磁力，从而使衔铁在电磁吸力的作用下吸向铁芯，此时衔铁带动支杆将板簧推开，使两个常闭的触点断开，常开触点闭合。

（3）当断开继电器线圈的电流时，铁芯便失去磁性，衔铁在板簧的作用下恢复初始状态，常闭触点则又闭合，常开触点断开。

3 继电器的种类。

（1）按触点状态来分，有常开触点式和常闭触点式。常开式符号为"中/"，常闭式符号为"中\"。

（2）按引脚数目来分，有三脚式、四脚式、七脚式等式，如下图所示。

（3）按触点数目分，有单组触点式、多组触点式等。如下图所示，继电器分别有1、2、3、4个触点。

4 损坏形式。

（1）断路——常闭触点电阻值为无穷大，图示为"1"；

（2）短路——常开触点电阻值接近"0"，图示为"00.2"。

（3）触点氧化、弹簧弹性不足。

5 检测方法。

一般继电器可以用万用表电阻挡进行检测，包括检测继电器的线圈和接点。

（1）检测继电器线圈。

万用表置于"200Ω"挡，两表笔接继电器线圈的两个引脚，万用表指示应与继电器的线圈电阻基本相符。如阻值明显偏小，说明线圈局部短路；如阻值为"00.0"说明两线圈间短路；如阻值无穷大，说明线圈已断路。提示：万用表挡位选择应准确。

（2）检测继电器完好性。

给线圈接上规定的工作电压，用万用表"200Ω"挡检测点的通断情况，未加上工作电压时，常开接点应不通，常闭接点应导通；当加上工作电压时，应能听到继电器吸合声，这时常开接点应导通，常闭接点应不通，转换接点就随之转换；否则，说明继电器已损坏。如下图所示，继电器四引脚间距较小，测试时可采用引线防电源线短接。

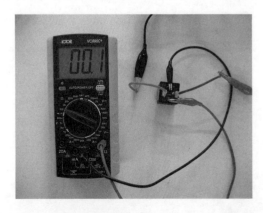

第六步 开关的认知

1 开关的作用。

开关是一种应用广泛的控制器件,在配电电路和电气设备中起着接通、切断、转换等控制作用,开关的一般文字符号为"S"。

2 常见汽车开关。

常见汽车开关有机械式和电子式(略)。机械式有单刀单掷开关、单刀双掷开关、多刀多掷开关、危险灯开关和点触开关等类型。

(1)单刀单掷开关:是开关中较为简单的一种,符号为"⌇⌇"。

(2)单刀双掷开关:如双向开关,它根据刀掷的方向不同,实现不同通路,其符号为"⌇⌇"。

(3)多刀多掷:如汽车危险灯、点火等开关,当打开开关时,有多路电源同时接通开始工作。点火开关图形符号"⌇⌇"。

(4)点触开关:即按钮开关,符号为"⌇⌇"。

3 开关常见损坏形式。

(1)接触不良。主要原因有触点污染、未压紧。

(2)绝缘不良。主要原因有接触点有尘埃、受潮、老化、氧化、绝缘材料破损等现象。

（3）机械失效。主要原因为零件变形、弹簧失效、裂断。

（3）各独立触点之间阻值。

万用表"200Ω"挡、"20kΩ"挡测量，均为"∞"。

 提示：

测量时接触不良，导致电阻偏大。

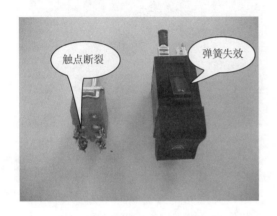

 检测方法（以点火开关为例）。

（1）外观（手柄灵活、松动；导线折断、螺钉松动）。

（4）触点与外壳应为∞。

万用表"200Ω"挡、"20kΩ"挡测量，均为"∞"。

（2）测开关触点电阻。

闭合时万用表"200Ω"挡应为"0.1Ω"以下；断开时万用表"200Ω"挡、"20kΩ"挡测量，均为"∞"。

提示：

测量时接触不良，导致电阻偏大。

第七步 常见汽车电气设备认知

1 汽车电气设备组成。

主要由蓄电池、发电机、调节器、起动机、点火系、仪表、照明装置、喇叭、刮水器等组成。

2 汽车电气系统的特点。

（1）低压——汽油车多采用12V,柴油车多采用24V。

（2）直流——主要从蓄电池的充电来考虑。

（3）单线制——单线制即从电源到用电设备使用一根导线连接，而另一根导线则用汽车车体或发动机机体的金属部分代替。

（4）负极搭铁——将蓄电池的负极与车体相连接，称为负极搭铁。

3 汽车电气设备。

按工作原理来分，汽车电气设备分为电阻类和磁感应类。电阻类又分为发热类和发光类。

1）发热类

以点烟器为例来说明，其主要功能是点烟，现在作为很多电器的供电端子。

原理：作点烟用时通过电阻来加热的，当你把点烟器压入的时候，点烟器外边的一圈金属和内壁相接触，使其形成一个回路，电就通了，因为入口是一个锥形的，热胀冷缩，一热后就弹出来了。

损坏形式:主要有接触不良、电热丝烧断等现象。

2）发光类

以汽车车灯灯泡为例来说明，其灯泡能将电能转化为光能。汽车用灯泡按灯丝数来分上有单丝灯泡，双丝灯泡。按材料来分有钨丝灯泡、卤素灯泡、氙气灯泡等。

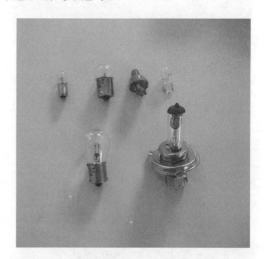

（1）钨丝灯泡：都是利用灯泡内钨丝通电时高热而产生。其发光效率低且经过长期使用后，钨金属因高温蒸发成金属微粒而离开钨丝，附着在灯泡内壁，导致灯泡逐渐暗淡老化。

失效形式：钨丝断裂、外壳破裂、灯座氧化松动接触不良。

（2）卤素灯泡：灯泡内灌注卤素气体成为卤素灯泡。卤素气体可与蒸发的钨原子相结合，成为游离的卤素化钨气体，当它遇到高热的灯丝时，又重新分解出钨，这样周而复始，卤素灯泡既减少钨的消耗也能维持灯泡的亮度，延长灯泡的寿命。

失效形式：灯丝断裂、外壳破裂、灯座氧化（松旷）而导致接触不良等。

(3)氙气大灯（HID灯）：汽车高压氙气灯的发光的原理是先透过增压器将车上12V的直流电压瞬间增至23000V,经过高压振幅激发水晶玻璃管内的氙气电子游离，在两电极之间产生犹如白昼般强烈的光源。

由于HID灯没有灯丝，因此，就不会产生因灯丝断而报废的问题，使用寿命比卤素灯长得多，为2500h以上，相当于汽车寿命的15年。

常见故障：外壳破裂、氙气渗漏失效。

3）磁感应类

（1）电喇叭。

工作原理：电喇叭通过电磁线圈不断地通电和断电，使金属膜片产生振动而产生音响，声音悦耳。

故障现象及原因有如下方面。

①电喇叭不响：蓄电池没电或供电线路故障；喇叭按钮内部触点接触不良或搭铁不良；电喇叭线圈烧毁，触点不闭合或严重烧蚀、电喇叭调整不当。

②电喇叭声音不正常：蓄电池电量不足；电喇叭触点烧蚀；膜片或共振盘与衔铁的固定连接有松动。

③电喇叭只响一声：触点不能断开；触点短路。

（2）蜂鸣器：蜂鸣器是一种一体化结构的电子发声器，采用直流电压供电，汽车上主要用于倒车、冷却液温度报警等场合。

常见故障现象有线圈断裂不能工作，报警频率不均匀等。

（3）点火线圈：点火线圈是将电源的低压电转变为点火所需的高压电的基本元件。

①按有无附加电阻可分为带附加电阻型和不带附加电阻型。

②点火线圈损坏的现象有线圈断路、线圈短路和绝缘损坏。

（4）刮水器电动机：其是风窗玻璃刮水器的动力机构，主要由磁场、电枢、电刷等组成，有励磁式和永磁式两种。永磁式电动机体积小、质量小、结构简单、应用广泛。

刮水器电动机损坏形式：绕组烧坏造成短路或断路，电刷磨损、压紧弹簧失效导致接触不良。

八 考核标准

考 核 标 准 表

考核时间	序号	考 核 项 目	满分	评 分 标 准	得 分
80min	1	工作服、鞋、帽穿戴整洁	2分	酌情扣分	
	2	发型、指甲等符合工作要求	2分	酌情扣分	
	3	不佩戴首饰、钥匙、手表等	2分	酌情扣分	
	4	元器件无落地现象	4分	操作不当扣4分	
	5	操作过程沉着冷静	3分	酌情扣分	
	6	万用表液晶显示屏认识	2分	操作不当扣2分	
	7	万用表旋钮开关认识	2分	操作不当扣2分	
	8	万用表测试孔端认识	3分	操作不当扣3分	
	9	万用表测试孔端选取	3分	操作不当扣3分	
	10	万用表校零	3分	操作不当扣3分	
	11	万用表测量电阻规范	4分	操作不当扣4分	
	12	万用表关机	2分	操作不当扣2分	
	13	万用表表笔回复	2分	选取不当扣2分	
	14	万用表装复	2分	操作不当扣2分	
	15	直插式连接器的使用	3分	操作不当扣3分	
	16	卡扣式连接器的使用	3分	操作不当扣3分	
	17	推拉式连接器的使用	3分	操作不当扣3分	
	18	扣环式连接器的使用	3分	操作不当扣3分	
	19	螺钉锁紧式连接器的使用	3分	操作不当扣3分	
	20	熔断器安装	2分	操作不当扣2分	
	21	检测熔断器熔丝	3分	操作不当扣3分	
	22	熔断器结构分析	2分	操作不当扣2分	
	23	继电器线圈电阻检测	3分	操作不当扣3分	
	24	继电器完好性检测	4分	操作不当扣4分	
	25	继电器短路分析	3分	操作不当扣3分	
	26	继电器断路分析	3分	检查不当扣3分	
	27	开关外观的检测	2分	操作不当扣2分	
	28	开关闭合触点电阻的检测	2分	操作不当扣2分	

续上表

考核时间	序号	考核项目	满分	评分标准	得分
80min	29	开关断开触点的检测	2分	操作不当扣2分	
	30	开关各独立触点之间阻值的检测	2分	操作不当扣2分	
	31	开关触点与外壳阻值的检测	2分	操作不当扣2分	
	32	操作前实训指导书的使用	3分	酌情扣分	
	33	在规定时间完成	4分	酌情扣分	
	34	填写工单	4分	酌情扣分	
	35	5S工作	4分	酌情扣分	
	36	遵守相关安全规范		因违规操作造成人身和设备事故的，总分按0分计	
		分数合计	100分		

任务2 汽车常用电子元件认知

一 任务说明

电阻器、电容、电感器、半导体器件是最基本的电工电子元件,其中电阻器是最基本的可调电工电子元件,它们广泛应用在各种各类电工电子电路中。电容包括固定电容器和可变电容器两大类,品种繁多,在电工电子电路中具有广泛的应用。电感器也是应用广泛的电工电子元器件,它们都是基于电磁感应原理工作的。半导体器件越来越多地进入电工领域,掌握二极管、三极管的基本知识和使用技能,是学习电工技术的重要方面。

二 技术标准与要求

(1)使用的数字式万用表型号为VC890C+。

(2)电子元件性能检测时,开关电源提供12V直流电压,使用时注意用电安全。

三 实训时间 60min

四 实训教学目标

(1)汽车常用电子元件的辨识及其符号认知。
(2)汽车电子元件的作用、类型、标示的了解。
(3)能用万用表对汽车常用电子元件进行参数检测。
(4)汽车常用电子元件损坏形式的了解。

五 实训器材

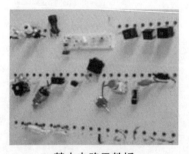

基本电路示教板

12V电源

数字万用表

六 教学组织

1 教学组织形式

每块示教板安排一组两名学生实训。两名学生实行职责变换制度,一位学生为主,另一位为辅,进行轮换操作。

2 实训教师职责

讲解操作步骤和注意事项；下达"操作开始"口令；工位间巡视、检查、指导和纠正错误。

3 学生职责变换

两名学生实行职责变换制度，即第一遍1号为主，2号为辅助；第二遍2号为主，1号为辅助。

七 操作步骤

第一步 电阻器的认知

1 电阻器功用。

电阻器是限制电流的元件，通常简称为电阻，是一种最基本常用的电工电子元件，文字符号为"R"，图形符号为"—▭—"。

2 电阻器的单位。

其国际单位是欧姆，用符号Ω表示。还有千欧（kΩ）、兆欧（MΩ）、吉欧（GΩ）、太（TΩ）欧等。换算关系为：

$$1M\Omega = 10^3 k\Omega = 10^6 \Omega$$
$$1T\Omega = 10^3 G\Omega = 10^9 \Omega$$

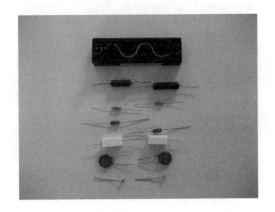

3 电阻的阻值标法。

（1）直标法：是将电阻的标称值用数字和文字符号的形式直接标在电阻体上。

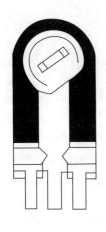 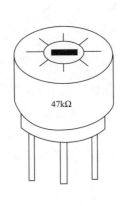

（2）文字符号法：用阿拉伯数字和文字符号有规律的组合，表示标称阻值和允许偏差的方法称为文字符号法。

电阻器文字符号法阻值单位用符号（欧姆、千欧、兆欧）表示，阻值的整数部分写在阻值单位标记符号的前面，阻值的小数部分写在阻值单位标记符号的后面，允许偏差用文字符号表示，即D（±0.5%）、F（±1%）、G（±2%）、J（±5%）、k（±10%）、M（±20%）；文字符号为R（欧姆）、k（千欧）、M（兆欧）、G（吉欧）、T（太欧）。例1R5J-1.5Ω±5%，2k7M-2.7kΩ±20%。

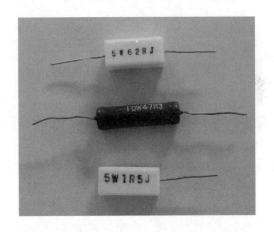

（3）色环法：是指用特定的色环标注电阻值及误差的一种方法。常见的有四色环标注和五色环标注法。具体计算方法如下页左上表所示。

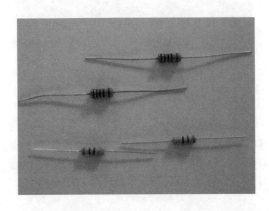

序号	颜色	有效数字	倍乘数	允许偏差
1	黑色	0	$\times 10^0$	
2	棕色	1	$\times 10^1$	±1%
3	红色	2	$\times 10^2$	±2%
4	橙色	3	$\times 10^3$	
5	黄色	4	$\times 10^4$	
6	绿色	5	$\times 10^5$	±0.5%
7	蓝色	6	$\times 10^6$	±0.25%
8	紫色	7	$\times 10^7$	±0.1%
9	灰色	8	$\times 10^8$	
10	白色	9	$\times 10^9$	
11	金色		$\times 10^{-1}$	±5%
12	银色		$\times 10^{-2}$	±10%
13	无色			±20%

对于4环电阻器第1、2环表示两位有效数字，第3环表示倍乘数，第4环表示允许偏差。对于5环电阻器，第1、2、3环表示有效数字，第4环表示倍乘数，第5环表示允许偏差。

①某电阻器的4道色环依次为"黄、紫、橙、银"，则其阻值为47kΩ，误差为±10%。

②电阻器的5道环依次为"红、黄、黑、橙、金"，则其阻值为240 kΩ，误差为±5%。

③注意误差色环在电阻器的一端，与有效色环的间距大些。

4 电阻器的分类方法。

按阻值分有固定电阻和可变电阻（称为电位器）；按材料分有碳膜电阻、金属膜电阻、线绕电阻、水泥电阻器、光敏电阻器、热敏电阻器、压敏电阻器等。普通电阻器图形符号为"─▭─"。

（1）碳膜电阻：采用碳膜作为电阻材料，受电压和频率的影响小，电阻值系数不大，阻值范围宽、价格低。

（3）线绕电阻：将裸体镍铬电阻丝绕在圆柱形陶瓷骨架上，外部由陶瓷粉或玻璃釉封装而成，特点是功率和阻值范围大，精度高，电阻系数小，耐高温，但高频特性差。

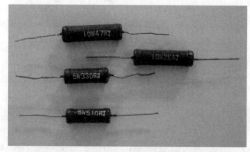

（4）水泥电阻器：其电阻丝选用康铜、锰铜或镍铬等合金材料，外部采用陶瓷、矿质材料包封，有优良阻燃、防爆性能，有较强稳定性和过负载能力。

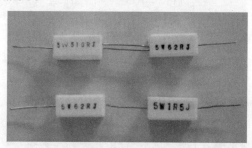

（5）光敏电阻器：是一种对光非常敏感的电阻器，它的阻值可以随外界光照的强弱而变化；无光照时阻值大，有光照是阻值减小，且随光照增强，阻值逐渐减小。其图形符号为"↘↘⌀"。

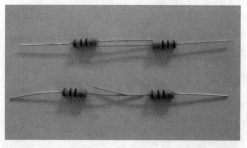

（2）金属膜电阻：外形与碳膜电阻相似，表面通常涂有红色或棕色。优点是稳定性高、耐热性好、噪声低、体积小；缺点是阻值范围小（200kΩ以下）。

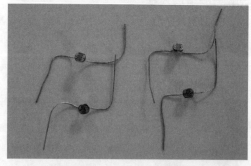

（6）热敏电阻器：是用对温度变化敏感的材料制成，有正温度系数和负温度系数两种。正温度系数电阻器阻值随温度升高阻值急剧增大。负温度系数电阻器随温度升高阻值急剧减小。其图形符号为"─φ─"。

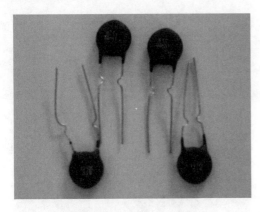

（7）压敏电阻器：压敏电阻器是对电压变化很敏感的电阻器，属于电压型保护器。

①并联于被保护电路中，当它两端电压小于标称电压时，它阻值很大，内部几乎没有电流通过。

②当其端电压高于标称电压时，压敏电阻被击穿，阻值迅速减小，电路短路，熔丝熔断，起保护作用。

③常温下其阻值为无穷大，若有电阻说明电阻击穿或该电阻击穿电压低于万用表电池的电压。其图形符号为"—⌿—"。

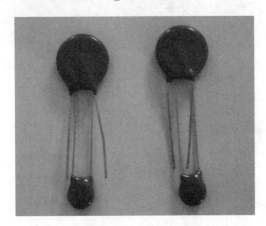

5 电阻器的常见损坏形式及判断。

（1）电阻器绝缘漆脱落、变色、烧焦，可能用肉眼看出。

（2）内部短路、断路或接触不良，可以根据电阻器上所标文字符号或色环读取其阻值，然后将读取值与万用表测量值比较，如果两者相差过大，说明电阻器已损坏。

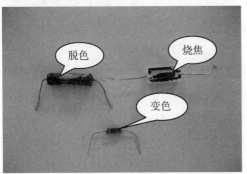

6 电阻器的检测。

1）万用表校零

把量程开关旋至测程为"200Ω"的量程，红黑表笔直接接触，显示屏上数值为电阻挡误差值。

提示：

（1）校零时手指或其他杂物不可碰到表笔。

（2）校零时表笔接触应牢靠。

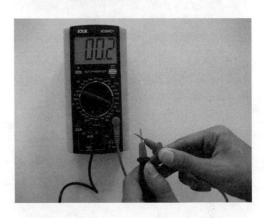

2）选择挡位

根据电阻器上标值或色环，选择测量挡位，选取时应尽量使显示屏显示较多的有效数字，即选择电阻值与量程最大值最接近的那个挡位。如150Ω电阻用"200Ω"挡，1500Ω电阻器用"2kΩ"挡，156kΩ电阻器用"200kΩ"挡。

提示：

不同阻值电阻应有合适挡位选择。

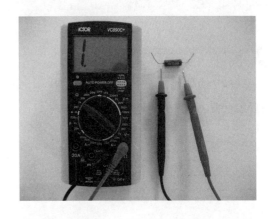

3）测量并读数

（1）将万用表分别搭在电阻器的两端，测得结果，如果对测试结果要求较高，可将表笔调试一下，再反向测一遍。如两次测量值与标称值相近，说明电阻器正常。

提示：

测量时手指或其他杂物易碰到表笔。

任务 2　汽车常用电子元件认知

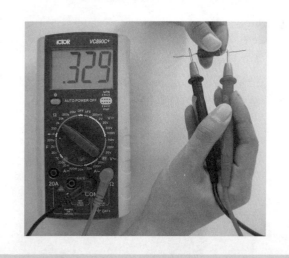

（2）测量值大大超过标称值或万用表各挡测量始终显示"1"说明电阻器损坏或断路。

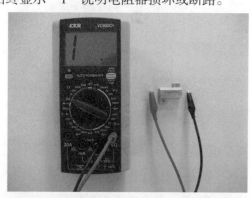

（3）测量值远远小于标识阻值的，则说明电阻器有短路现象。

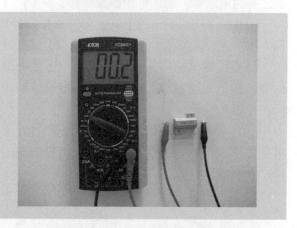

🌲 第二步　电容器的认知

1 电容器功用。

电容器是储存电荷的元件，通常简称为电容，文字符号用"C"表示。电容器图形符号为"⊥"。

2 电容器的单位。

电容的基本单位为法拉（F），常用有微法（μF）、纳法（nF）、皮法（pF）（皮法又称微微法）等，它们的关系是：1法拉（F）=10^6微法（μF），1微法（μF）=10^3纳法（nF）=10^6皮法（pF）。

3 电容器上容量的标示方法。

（1）**直标法**：是将容量数值直接印在电容上。如100pF的电容器上有"100"字样，2.2μF的电容器上印有"2.2μ"或"2μ2"字样，有极性电容器上还印有极性标志"+"和"-"。

（2）**数码表示法**：一般且三位数字表示容量大小，其单位为pF。三位数字中，前两位是有效数字，第三位是倍乘数，即表示有效数字后有多个"0"，例如103表示10×10^3pF。

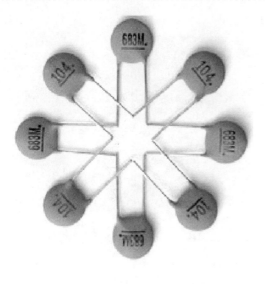

（3）电容器上乘数的意义，如下表所示。

标示数字	0	1	2	3	4	5	6	7	8	9
倍乘数	$\times 10^0$	$\times 10^1$	$\times 10^2$	$\times 10^3$	$\times 10^4$	$\times 10^5$	$\times 10^6$	$\times 10^7$	$\times 10^8$	$\times 10^9$

4 电容器的分类。

电容器的结构可将其分为固定电容器、可变电容器和半可变电容器。按是否有极性可分为有极性的电解电容和无极性的普通电容。根据其介质材料又可分为电解电容器、涤纶电容器、瓷片电容器、纸介电容器等。

（1）电解电容器：优点是容量大。有极性和无极性两种，通常标"—"号或引出脚较短的为负极，另一侧为正极，不得接反，否则，会爆裂损坏，不宜在高频电路中使用。有极性电解电容图形为"⊣⊦"。

（2）涤纶电容器：其介质材料为涤纶薄膜，它无正、负之分，其容量从几皮法到几微法之间，工作电压范围宽，有耐高温、耐高压、耐潮、价格低等优点，但稳定性不高。

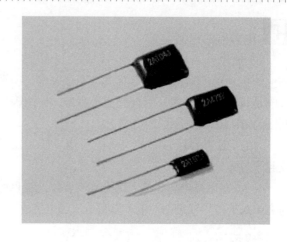

（3）瓷片电容器：以陶瓷材料为介质。
①优点为是热稳定性高，介质损耗小，耐腐蚀性能好。
②缺点是容量小、易碎裂、抗冲击能力差。
③广泛用于高、低频电路中。

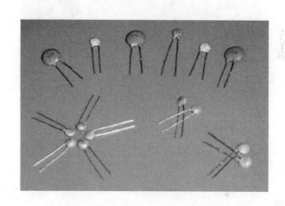

（4）金属化纸介电容器：是在涂有醋酸纤维漆的电容器纸上再蒸发一层金属膜作为电极，然后用这种金属化的纸卷绕成芯子，端面喷金，装上引线并放大外壳内封装而成的。
①特点：体积小，容量大，有自愈的能力。电容器的稳定性能、老化性能以及绝缘电阻比稍差。
②应用于自动化仪表、自动控制装置中，但不宜用于高频电路。

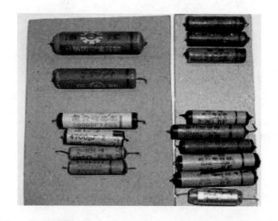

5 电容器的检测。

1）放电

测量之前应对被测电容器进行充分放电,所谓放电是将电容器的两只引脚短接至少5s,使两极间电压为零,否则电容器的电量会损坏万用表。

（1）对于容量较小的电容器可用导线、镊子或起子放电。

（2）对于高电压条件下的电容则要用绝缘良好的夹子来夹持导线进行放电,以免造成触电事故。

放电时间过短,放电不完全。

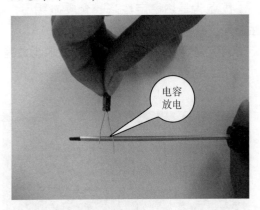

2）万用表插接孔选择

将万用表的红表笔接"COM"插口,黑表笔接"mA"插口。

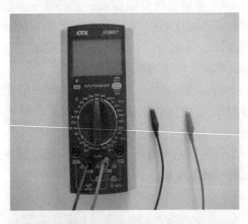

3）合适量程挡选取

测量时要根据被测电容器容量的大小选择合适的量程,选取原则以最接近被测电容值的量程为宜,量程的选择对所得测量结果的影响很大,图示万用表有"200μ""2μ""20n"三个量程。

量程选取忌过大或过小。

4）数值读取

（1）当刚接触被测电容时,仪表显示屏的数字会有跳动现象。电容量越大,跳动越明显,这是正常现象。当显示数值稳定之后,即可读取被测电容器的数值。

数字在跳动时不能读取,数值读取时的注意单位。

（2）与电阻挡类似,电容挡也存在超量程显示溢出符号"1"的现象。当被测电容容量大于量程范围时,仪表显示最高位"1",此时应换较大量程进行测量。

6 常见损坏形式。

（1）短路：测电容容量在万用表量程正确的情况下显示"00.0"。

（2）断路：测电容容量在万用表量程正确的情况下万用表显示"1"。

（3）电容器容量改变：即电容器测量值小于实际标称值（电解质因过热、密封不好使电解流失，或电容器多次击穿自愈，但内部极板断裂等原因）。

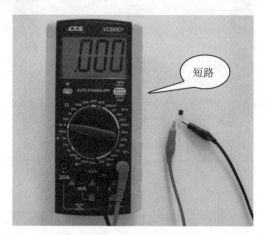

第三步　电感器的认知

1 电感器的作用。

用绝缘导线绕制的各种线圈称为电感，电感器和电容器一样，也是一种储能元件，它能把电能转变为磁场能，并在磁场中储存能量。它经常和电容器一起工作，构成LC滤波器、LC振荡器等，其特点是通直流阻交流。电感器的图形符号为"⌒⌒⌒"。

2 电感器的单位。

电感器用符号L表示，它的基本单位是亨利（H），常用毫亨（mH）、微亨（mH）为单位，其之间换算关系为：

$$1H=10^3 mH$$
$$1mH=10^3 \mu H$$

（2）色标法，即用色环表示电感量，其单位为"μH"。色标法组色环，第1、2环表示两位有效数字，第3环表示倍乘数，第4环表示允许偏差，各色环颜色的含义与色环电阻器相同。

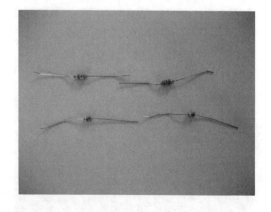

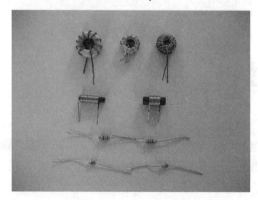

3 电感器上电感量的标示方法。

（1）直标法：即将电感器的电感量直接用文字印刷在电感器上，如"330μH""25mH"。

4 电感器的分类。

电感器按用途可分固定电感器、阻流圈、电源滤波器、振荡线圈等。按其采用材料不同，电感器可分空心电感器、磁芯电感器、铁芯电感器等类型。

（1）空心电感器：指磁路介质为空气的电感器。它不用磁芯、骨架和屏蔽罩，实际中调试完毕后，应用石蜡加以密封固定。空心电感器电感量较小，所以一般用于高频电路中。

（2）环形电感器：将导线绕制在一个环形磁芯上形成，单位体积具有很高的电感值和较高的品质，并且能自我屏蔽，可在较高频率下工作，一般允许通过较大的电流。

（3）色码电感器：其外形与色环电阻相似，区别在于它的外形较电阻器短宽。其电感量一般较小。

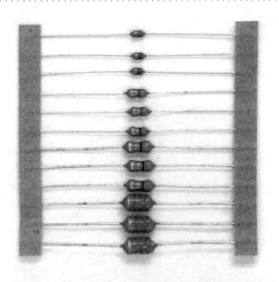

（4）磁芯固定电感器：它的磁芯采用镍锌氧化体或锰锌氧体材料制成，它们都给磁力线提供一个磁阻较小的通路，从而使通电线圈所产生的磁力线衰减尽可能小，以获得较大的电感量。其是应用最广泛的电感器，可以用于低频、中频、高频电路中。

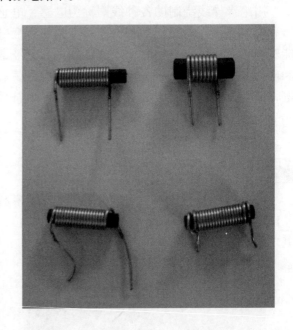

5 电感器的检测。

1）检测电感器的电阻

测量前先要把电感器引脚的绝缘层去除，由于电感器的电阻较小，用万用表一般只能判断它是否开路，对于短路应配以外观检查或与同类电感器对比。

提示：

电感器引脚绝缘层未去除或去除不完全，影响测量值。

2）电感器电阻值读取

选择万用表的电阻"200Ω"挡，如下图测得电感器的电阻值0.1Ω。

如手指接触电感器的两个引脚，形成接触电阻。

6 常见损坏形式。

（1）外观破损：检查电感器的外观不应松散或变形、外皮不应有破损；磁芯转动应灵活，但不应有碎裂、松动现象。

（2）电感器内部断路：如果两引脚间电阻在各测量挡都显示为"1"，则说明电感器内部断路。

（3）绝缘不良：电感器的引脚与铁芯或金属屏蔽罩的电阻应为无穷大。

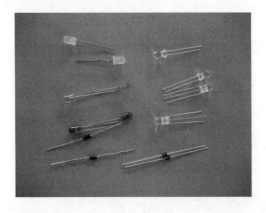

第四步 二极管的认知

1 二极管。

它是一种常用的具有一个PN结的半导体器件，特点是具有单向导通性，可用作半波整流、全波整流和桥式整流。二极管的文字符号是"VD"，普通二极管图形符号为"—▷|—"。

2 二极管的标号。

国产二极管的标号由五部分组成,例如2AP11表示普通N型二极管,2CZ55D表示硅整流二极管。国外二极管的型号以1打头。1N开头的二极管是美国制造的(如1N4001),1S开头的是日本制造的(如1S34)。国产二极管的型号及含义如下表所示。

第一部分	第二部分		第三部分		第四部分	第五部分
用数字2表示二极管	用拼音字母表示器件的材料和极性		用汉语拼音字母表示器件的类型		用数字表示器件的序号	用汉语拼音字母表示规格号
	符号	意义	符号	意义		
	A	N型锗管	P	普通管		
	B	P型锗管	Z	整流管		
	C	N型硅管	W	稳压管		
	D	P型硅管	K	开关管		
	E	化合物材料	U	光电器件		

3 二极管的分类。

二极管按材料不同有锗二极管和硅二极管。按功能不同有普通二极管、整流二极管、开关二极管、稳压二极管、发光二极管、光敏二极管等。

(1)整流二极管:主要用于各种电源设备中,其作用是将交流电变为脉动的直流电,以提供电路所需的直流电源。

(2)普通二极管:正向电阻小、反向电阻大、截止频率高的锗二极管,其作用是把已经完成运载音频信号的中频信号去掉,把音频信号提取出来,广泛用于半导体收音机、电视机中。

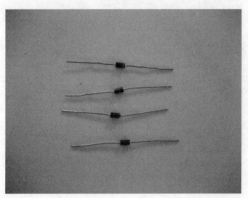

(3)发光二极管:是一种把电能转变成光能的半导体器件,给二极管施加合适的正向电压,还会发光。发光二极管常用于各种指示电路。发光二极管的图形符号为"⟶⟵"。

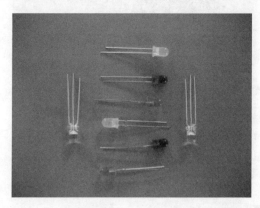

(4)光敏二极管:又称为光电二极管,它通常工作在反向电压状态。作用是将光信号转换为电信号,它的最大特点对光敏感。管壳上有一个透明窗口,光穿过此窗口照射到PN结上时,其内阻会发生改变。当没有光照时反向电阻很大,有光照时,反向电阻减小。主要应用于光测量、光电自动控制。光敏二极管的图形符号为"⟶⟵"。

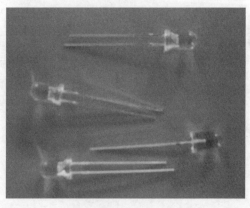

（5）稳压二极管：在低于稳压管击穿电压时和普通的二极管一样具有单向导电性。当反向电压达到稳压二极管的击穿电压时导通。如6V稳压二极管反向电压低于6V时电阻很大，等于和超过6V时导通，稳压二极管主要作用是稳压，常用在稳压电源中，在电路中总是反向连接，稳压管的正极接电源的负极。稳压二极管符号为"—▷⊢—"。

4 二极管极性的判别。

（1）直观法：通常二极管的正、负极在二极管上用颜色标出，小型二极管负极的一端通常有一银白色或黑色的细线。

①壳体上有凸键标记，靠近凸键标记的为正极。

②二极管有色点，靠近色点标记的为负极。

③发光二极管放在光源下，观察金属片的大小，通常大的为负极，小的为正极（图示弯触脚为正极）。

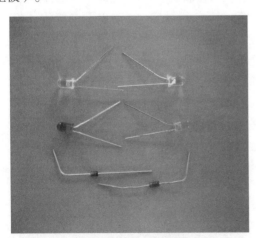

（2）万用表检测判别：用数字式万用表电阻挡来测二极管，测得小电阻时，红笔所接触的为二极管正极，黑笔接触的为负极。

5 普通二极管的检测。

1）选择万用表挡位将万用表的黑表笔接"COM"插口，红表笔接"Ω"插口，将万用表的量程选择测量二极管挡。

2）检测二极管的电阻值

（1）用万用表红、黑笔任意测量二极管两引脚间的电阻值。

（2）交换万用表笔后再测试一次。

（3）显示的数值为"1"和"0.561"。

（4）数值小的为二极管的正向电压降值约为0.561V。红笔接的是二极管的正极，黑笔接的是二极管的负极。显示的"1"电阻较大为二极管的反向电阻。

 提示：

手指接触发光二极管的两引脚，形成接触电阻，会导致测量判断错误。

任务 2 汽车常用电子元件认知

6 发光二极管的检测。

用数字式万用表二极管挡,红表接触测管正极(长脚),黑表接触负脚,管子发出光,万用表显示压降1.739V。将红黑对调测量,仪表显示符号"1",且管子不发光,结果为二极管良好。

提示:

发光二极管测量时两引脚距离过小,会导致测量时短路。

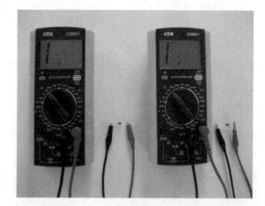

7 二极管常见损坏形式。

(1)断路:两次测量的电阻值都很大或显示无穷大。

(2)短路:两次测量的电阻值都很小或电阻值接近于零。

(3)导电性变差:两次电阻值接近。

🌲 第五步 三极管的认知

1 三极管(半导体)作用。

半导体三极管也称为晶体三极管,可以说是电子电路中最重要的器件。它最主要的功能是放大作用(其实质是三极管能以基极电流微小的变化量来控制集电极电流较大的变化量,这是三极管最基本的和最重要的特性)和开关作用。三极管的文字符号为"VT"。

2 三极管的标号。

国产三极管的标号由五部分组成,如下页表所示。第一部分用数字"3"表示三极管,第二部分用字母表示材料和极性,第三部分表示类型,第四部分用数字表示序号,第五部分用字母表示规格。例如,3AX31为PNP型锗材料低频小功率晶体三极管。

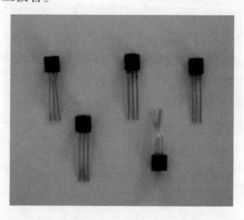

30

第一部分	第二部分	第三部分	第四部分	第五部分
3	A：PNP 型锗材料	X：低频小功率管	序号	规格
	B：NPN 型锗材料	G：高频小功率管		
	C：PNP 型硅材料	D：低频大功率管		
	D：NPN 型硅材料	A：高频大功率管		
	E：化合物材料	K：开关管		
		T：闸流管		
		J：结型场效应管		
		O：MOS 场效应管		
		U：光电管		

3 三极管的分类。

按内部结构不同，三极管可分NPN和PNP型两大类，电路中符号有一个箭头代表的是发射极，箭头朝外的是NPN型管，箭头朝内的是PNP型管。按材料分有锗管和硅管；按工作频率分有低频管和高频管；按封装形式分有金属封装、塑料封装、玻璃壳封装、表面封装。

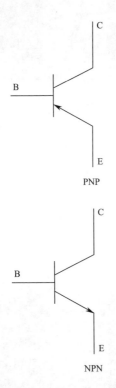

（2）高频晶体管：工作频率较高，用于工作频率较高，功率不高于1W的放大、振荡、混频控制电路中。高频大功率晶体管为金属封装，其金属外壳起到屏蔽作用。

（1）普通塑封小功率三极管：外形很多，引脚分布也有多种，主要用于各种中、低频电压放大电路和各种自动控制电路中。

编带

（3）光敏三极管：和普通三极管相似，也有电流放大作用，只是它的集电极电流不只是受基极电路和电流控制，同时也受光辐射的控制。通常基极不引出，但一些光敏三极管的基极有引出，用于温度补偿和附加控制等作用。光敏三极管图形符号为"⦷"。

4 三极管的检测。

1）挡位选择

利用数字式万用表的二极管挡测量晶体三极管，此挡位的工作电压为2V，可以保证晶体三极管的两个PN结在施加此电压后具有正向导通、反向截止的PN结单向导电特性。测试笔孔位与电阻挡相同。

挡位及插孔防止错误。

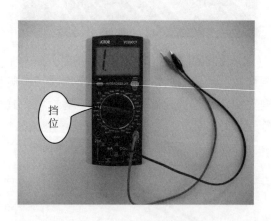

2）基极的判定

将数字表的一支表笔接在晶体三极管的假定基极上，另一只表笔分别接触另外两个电极，如果两次测量在液晶屏上显示的数字均为0.1～0.7V，则说明晶体三极管的两个PN结处于正向导通，此时假定的基极即为晶体三极管的基极，另外两电极分别为集电极和发射极；如果只有一次显示0.1～0.7V或一次都没有显示，则应从重新假定基极再次测量，直到测出基极为止。

3）三极管类型、材料的判定

基极确定后，红笔接基极的为NPN型三极管，黑笔接基极的为PNP型三极管；PN结正向导通时的结压降在0.1～0.3V的为锗材料三极管，结压降在0.5～0.7V的为硅材料三极管（图中右侧所示三极管为硅材料）。

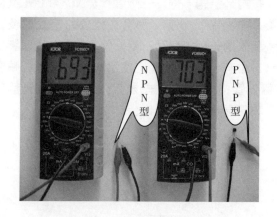

4）集电极和发射极的判定

有两种方法进行判定：一种是用二极管挡进行测量，由于晶体三极管的发射区掺杂浓度高于集电区，所以在给发射结和集电结施加正向电压时PN压降不一样大，其中发射极的极压降略高于集电极的极压降，由此判定发射极和集电极。另一种方法是利用hFE（测三极管放大倍数时将说明）。

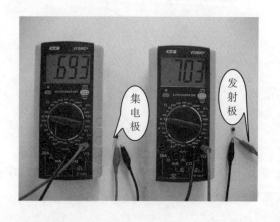

5）三极管放大倍数测量

（1）准备。

选择万用表测量三极管放大倍数的hFE量程，该量程有两排测试孔：上排为NPN管的E、B、C、E、四个插孔；下排为PNP管的E、B、C、E、四个插孔（E为发射极、B为基极、C为集电极）。

（2）测试：把三极管引脚顺序插入测试孔，每排可插两组即E、B、C和B、C、E，如有数字出现，则其数值为三极管的放大倍数，上排为NPN管，下排为PNP管，引脚对照各插脚孔上的字母可得三极管各极名称。

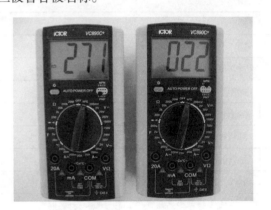

5 三极管常见损坏形式。

（1）击穿：常见故障为集电结或发射结以及集电极和发射极之间击穿，在测量时蜂鸣器会发出蜂鸣声，同时显示屏上显示的数据接近于零。

（2）开路：常见的故障为发射结或集电结开路，在正向测量时显示屏上会显示为1的溢出符号。

（3）漏电：常见的故障为发射结或集电结之间在正向测量时有正常的电压降，而在反向测量时也有一定的压降值显示。一般为零点几伏到一点几伏之间，反向压降值越小，说明漏电越严重。

八 考核标准

考 核 标 准 表

考核时间	序号	考核项目	满分	评分标准	得 分
60min	1	工作服、鞋、帽穿戴整洁	2分	酌情扣分	
	2	发型、指甲等符合工作要求	2分	酌情扣分	
	3	不佩戴首饰、钥匙、手表等	2分	酌情扣分	
	4	元器件无落地现象	4分	操作不当扣4分	
	5	操作过程沉着冷静	3分	酌情扣分	
	6	电阻器的常见损坏形式及判断	2分	操作不当扣2分	
	7	电阻器的检测	2分	操作不当扣2分	
	8	电阻器断路的判断	2分	操作不当扣3分	
	9	电阻器短路的判断	2分	操作不当扣3分	

续上表

考核时间	序号	考核项目	满分	评分标准	得分
60min	10	电容器放电	3分	操作不当扣3分	
	11	万用表测电容容量插接孔选择	2分	操作不当扣4分	
	12	万用表测电容量程挡选取	2分	操作不当扣2分	
	13	电容容量数值读取	2分	选取不当扣2分	
	14	电容器短路的检测与判断	3分	操作不当扣2分	
	15	电容器断路的检测与判断	3分	操作不当扣3分	
	16	电感器的电阻检测	2分	操作不当扣3分	
	17	电感器断路检测与分析	3分	操作不当扣3分	
	18	电感器短路检测与分析	3分	操作不当扣3分	
	19	直观法对二极管极性的判别	3分	操作不当扣3分	
	20	用万用表对二极管极性的判别	3分	操作不当扣2分	
	21	蜂鸣挡对二极管的检测	3分	操作不当扣3分	
	22	二极管的电阻值检测	2分	操作不当扣2分	
	23	发光二极管的检测	3分	操作不当扣3分	
	24	二极管短路的检测与判断	3分	操作不当扣4分	
	25	二极管断路的检测与判断	3分	操作不当扣3分	
	26	万用表对三极管的检测挡位选择	3分	检查不当扣3分	
	27	三极管基极的判定	3分	操作不当扣2分	
	28	三极管类型、材料的判定	3分	操作不当扣2分	
	29	三极管集电极和发射极的判定	3分	操作不当扣2分	
	30	三极管放大倍数测量	2分	操作不当扣2分	
	31	三极管常见损坏形式的检测与判断	3分	操作不当扣2分	
	32	操作前实训指导书的使用	3分	酌情扣分	
	33	在规定时间完成	4分	酌情扣分	
	34	填写工单	4分	酌情扣分	
	35	5S工作	4分	酌情扣分	
	36	遵守相关安全规范		因违规操作造成人身和设备事故的,总分按0分计	
		分数合计	100分		

任务 3 基本电路的连接

一、任务说明

电路连接常见固定方法主要有三种。

1) 焊接

（1）焊接及应用：焊接是利用加热或其他方式使两种金属永久地牢固接合。汽车上电子元件在板上固定、导线断裂后的连接常采用焊接。焊接是电工电子产品中最基本的一种连接方式。

（2）特性：使金属与金属间实现永久连接。

（3）常见故障现象：锡点灰暗，有毛刺；锡量过多或过少；锡和被焊物熔合不牢固有虚焊和假焊，轻轻一拉就会动摇或松脱。

2) 连接器连接

（1）应用场合：连接用于线束之间或线束和电气组件之间，是汽车电气线路连接中应用最广泛的方式。

（2）特性：连接处需要经常拆卸，或连接处结构较复杂。

（3）常见故障现象：连接时未对准标记，导致连接器损坏；连接器固定扣损坏；连接器松动；连接不到位。

3) 螺纹连接

（1）应用场合：螺纹连接主要应用于线束与固定件间、被连接器较厚及需要经常拆卸的场合，在汽车上主要应用于搭铁线与车架的连接。

（2）特性：连接位置比较显露，有一定空间，方便拆卸操作。

（3）常见故障现象：没有用防松装置导致使用中连接处松脱；固定时拧紧力矩过大，破坏螺纹。

二、技术标准与要求

（1）电烙铁加热的温度以熔化焊丝为宜。

（2）端子压接钳端口的选择以压接器尺寸相符合为宜。

（3）使用的数字式万用表，型号为 VC890C+。

（4）电烙铁使用220V交流电源，使用时注意用电安全。简单线路图连接时，开关电源提供12V直流电压。

三 实训时间 60min ★★★

四 实训教学目标

（1）电烙铁的规范使用。
（2）剥线钳和端子压接钳的正确使用。
（3）线路连接中线与线、线与零件间各种连接方式、方法掌握。
（4）简单线路图的正确连接。

五 实训器材

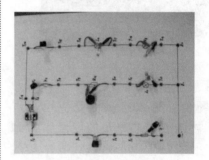

基本电路示教板

12V电源

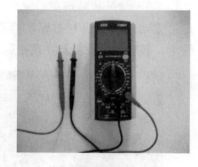

数字万用表

剥线钳

端子压接器

电烙铁组件

六 教学组织

1 教学组织形式

每块示教板安排一组两名学生实训。两名学生实行职责变换制度，一位学生为主，另一位为辅，进行轮换操作。

2 实训教师职责

讲解操作步骤和注意事项；下达"操作开始"口令；工位间巡视、检查、指导和纠正错误。

七 操作步骤

★ 第一步 剥线钳的使用

1 准备。

准备剥线钳（图示为通用型）。

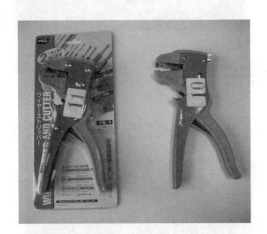

2 剥线尺规调节。

图示部位有剥线尺符，可根据需要用手指握住卡规两侧，调节剥取绝缘套长度。

提示：

（1）移动卡规时切勿用力过大，损坏卡规。

（2）用尖嘴钳来移动尺规，会导致尺规破裂。

（3）切勿用手指从剥线口伸入来移动卡规来调节。

3 截线。

用剥线钳的剪口部位来截取导线。

提示：

在截线过程中，不得有材料放入剥线口。

4 送线。

把导线从正面平直的放入剥线钳，为保证剥线长度，导线端顶住卡规。

提示：

（1）导线末端要顶住卡规。

（2）放入剥线钳的导线不能有卷曲、倾斜现象。

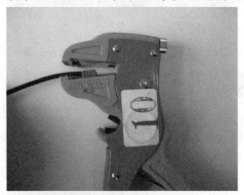

5 剥线。

压紧手柄进行剥线后，用手指去除绝缘套。

提示：

（1）剥线时线与钳间的位置应固定。

（2）剥线用力不宜过大。

去除绝缘层。

左手拿导线,右手把剥线钳截下的导线绝缘层去除,并观察剥线效果。

提示:

(1)去除绝缘层过程中,注意导线毛刺易伤手。

(2)剥线后观察效果(可能会出现剥线过程把部分导线剪断现象,导致导线易断裂)。

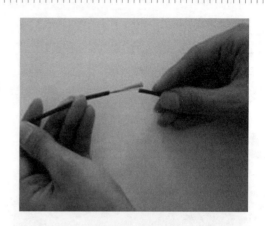

🌲 第二步 端子压接钳的使用

1 准备。

准备力易得E5836端子压接钳。

2 压接端口认识。

图示部位有压接器选用端子,可根据需要选用不同的压接口,本钳适用于0.15~0.5mm²、0.5~1.5mm²、1.5~2.5mm²、4~6mm²各压接端子。

3 连接器的选取。

根据要连接的导线尺寸,选取连接器的型号,选取过程对照压接钳的端子。

提示:

选取连接器过大或过小,会导致连接效果不好或失败。

4 连接器的固定。

把压接器固定在压接口中。

提示:

压接口选择过大或过小,固定压接器时太紧或过松都会导致压接效果差。

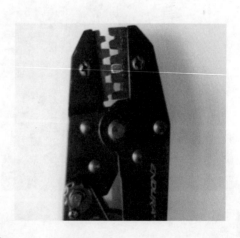

5 压接口导线的送入。

把导线放入压接口,要求已剥的导线部分处于连接器内压接端,连接器外压接端接触未剥导线部分。

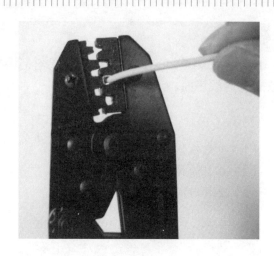

提示:

（1）压紧力度不够，手柄无法复位。

（2）压紧力度、速度过大，有时会使连接器移位。

（3）压紧时，手柄内侧不得伸入手指或杂物。

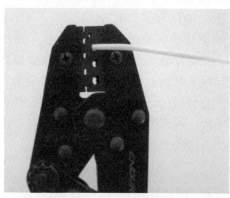

 压接。

用力压紧手柄，以手柄自动张开为准。

 检查。

通过眼观和手工检查压接效果，要求压接部位不松动，导线不破损。

提示:

检查时不要伤到手。

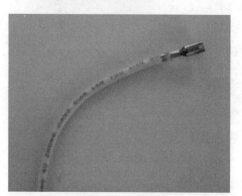

🌲 第三步 手工焊接

1 材料选用。

选用外热式30W电烙铁，直径1mm松香焊锡丝和松香型助焊剂。

提示:

（1）选择的电烙铁型号过大（70W以上）或过小（25W以下）。

（2）选择的锡丝直径不合适（小于0.5mm或大于3mm）。

（3）选取的松香变质。

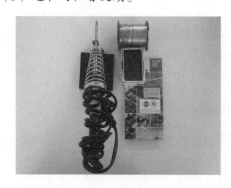

（1）焊料。

焊料是一种易熔金属，主要指连接被焊金属的焊料和清除金属表面氧化物的焊剂。能熔合两种以上的金属使其成为一个整体，而且熔点较被焊金属低的金属或合金都可做焊料。

（2）助焊剂。

助焊剂一般可分为无机助焊剂、有机助焊剂和树脂助焊剂，能溶解去处金属表面的氧化物，并在焊接加热时包围金属的表面，使之和空气隔绝，防止金属在加热时氧化；可降低熔融焊锡的表面张力，有利于焊锡的湿润。

（3）电烙铁的选用。

电烙铁是手工焊接的基本工具，它的作用是把足够的热量传送到焊接部位，以便熔化焊料而不熔化元件，使得焊料和被焊金属连接起来。常用的电烙铁按加热的方式分为外热式和内热式两大类。电烙铁的规格是用功率来表示的。常用的规格有15W、20W、30W、100W等。

选用电烙铁时应考虑以下三个方面。

①焊接集成电路、晶体管及其他受热易损元器件时，应选用20W内热式或25W外热式电烙铁。

②焊接导线及同轴电缆时，应选用30～75W外热式电烙铁或50W内热式电烙铁。

③焊接较大的元器件时，如大电解电容器的引脚应选用100W以上的电烙铁。

使用的烙铁功率过大，容易烫坏元器件（一般二、三极管结点温度超过200℃时就会烧坏）和使印制导线从基板上脱落；使用的烙铁功率太小，焊锡不能充分熔化，焊剂不能挥发出来，焊点不光滑、不牢固，易产生虚焊。焊接时间过长，也会烧坏器件，一般每个焊点在1.5～4s内完成。

 剥线。

导线去除一定长度的绝缘外层（一般为15~20mm）。

提示：

剥取的绝缘层不能过长或过短。

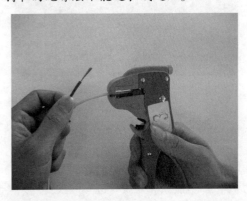

 焊接表面清洁。

用锯条片或小刀反复刮净被焊面的氧化层和杂物。

提示：

（1）清除时用力过大会导致零件表面刮损。
（2）擦刮时注意勿伤到手指。

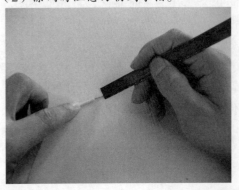

 端头上锡。

电烙铁加热至250~300℃后熔化焊锡丝，均匀涂在裸露导线表面。

提示：

（1）电烙铁切勿伤到人身各部位。
（2）锡丝涂抹要均匀。
（3）上锡时间不得过长，温度忌高。

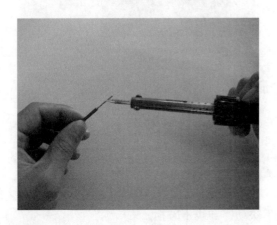

 电线绞合。

用手指或尖嘴钳绞合导线。

提示：

（1）硬度较大的导线切勿用手指绞合，以免伤到手指。
（2）绞合过紧，会导致导线断裂。

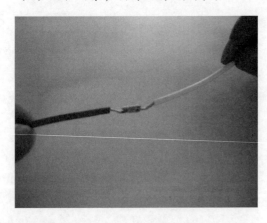

 焊接部位加热。

用电焊铁对焊接部位进行加热，使其达到焊接合适温度（80~120℃）。

提示：

预热温度不能过高或过低（加热时间为4~6s）。

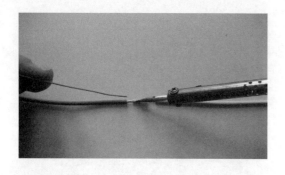

7 锡丝供给。

在焊接表面达到约80~120℃时，及时供给焊料，使焊料均匀浸润导线。

（1）不能直接用烙铁头运载焊料。
（2）焊接点应均匀。
（3）手指与锡丝焊接触部位必须保持一定距离（以5~7cm为宜），以免烫伤。

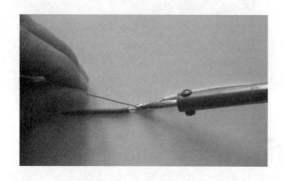

8 移开焊锡部位。

焊接锡丝刚好能将导线覆盖，导线轮廓隐约可见为宜，焊接完毕焊锡丝先移开焊接部位，后移开电烙铁。

电烙铁、焊锡丝移开顺序不得颠倒。

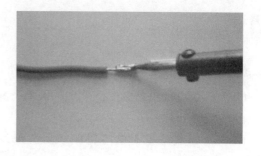

9 检查。

焊接结束检查有漏焊、虚焊的地方需要补焊。如发现焊锡流淌现象，需去除多余焊锡。

焊接处未冷却不能用手直接接触，以免烫伤。

10 上绝缘套。

趁热（焊接后2min以内）套上绝缘套，冷却后套管就可固定在接头处。

上绝缘套时防止手指烫伤，上绝缘套时间在焊接后3min以上，收紧效果不好。

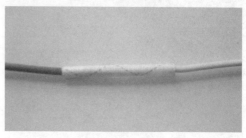

第四步　简单电路的连接

1 准备。

根据作业要求，提供线路板及工具。

任务 3　基本电路的连接

41

2 简单电路图识读。

（1）根据提供的电路图，学生认识各元器件及其接口端子。

（2）根据线路板上电路图，学生认识线路走向。

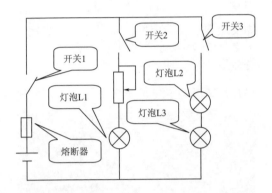

3 熔断器连接。

把片形连接器插入熔断器插口。

连接时用力过大，会损坏连接口。

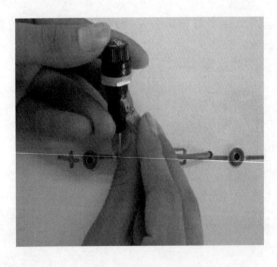

4 开关1连接。

把片形连接器插入开关1连接口。

（1）连接时用力过大，会损坏连接口。

（2）连接后应套上绝缘套。

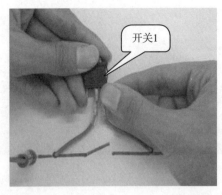

5 接线柱连接。

用十字螺丝刀松开螺钉，把叉形连接器放入压紧垫片下后，固定螺钉。

连接器与压紧螺钉应充分接触。

6 开关2连接。

把片形连接器插入开关2连接口。

（1）连接时用力过大，会损坏连接口。

（2）连接后应套上绝缘套。

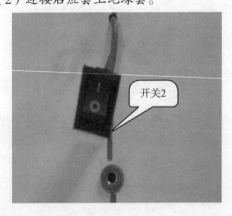

7 电位器连接。

用鳄鱼夹固定电位器1、2或1、3连接口。

防止鳄鱼夹伤手。

电位器

 10 灯泡L2、L3连接。

用鳄鱼夹固定灯泡两引脚。

提示：

（1）灯泡座有绝缘层的未去除，影响灯泡工作。

（2）固定不牢固、不完全，灯泡可能不工作。

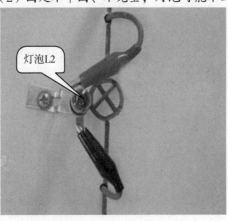

灯泡L2

 8 灯泡L1连接。

用鳄鱼夹固定灯泡两引脚。

提示：

（1）灯泡座有绝缘层的未去除。

（2）固定不牢固、不完全。

灯泡L1

11 元件间线路连接。

用连接柱依次连接元件间连接口。

 9 开关3连接。

把片形连接器插入开关3连接口。

提示：

（1）连接时勿用力过大，损坏连接口。

（2）连接后应及时套上绝缘套。

开关3

 12 电源连接。

检查简单电路完整情况，在确认电路开关断开的情况下，把简单电路的正负极依次连接开关电源的正负极。

提示：

（1）注意用电安全，学生必须在教师的许可下，才能连接电源。

（2）正负极性忌接反。

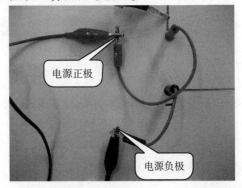

电源正极

电源负极

13 开关1闭合。

闭合电路总开关1。

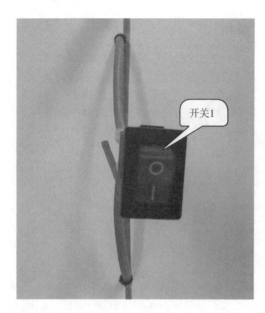

14 开关2、3闭合。

依次闭合开关2、3。

提示：

（1）注意人体部位不得与开关电源的输入电源接触。

（2）电路不得短路。

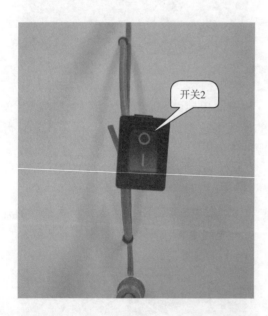

15 灯泡工作情况观察。

闭合所有开关后，观察各灯泡工作情况。

提示：

发现有短路等异常及时切断电路。

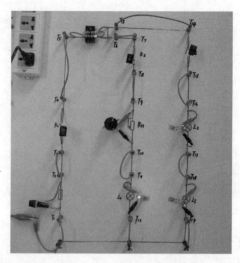

16 电位器调节。

调节电位器阻值，观察灯泡1的亮度变化情况。

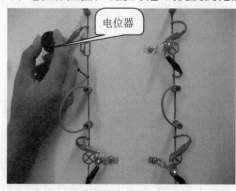

17 电路开关断开。

依次断开电路开关2、3、1。

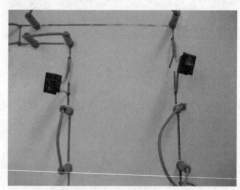

18 电源连接断开。

断开电路与电源的连接。

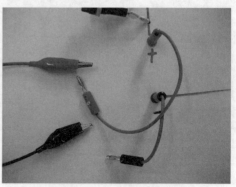

八 考核标准

（一）基础电工常用工具使用考核标准表

考核时间	序号	考核项目	满分	评分标准	得 分
40min	1	工作服、鞋、帽穿戴整洁	2分	酌情扣分	
	2	发型、指甲等符合工作要求	2分	酌情扣分	
	3	不佩戴首饰、钥匙、手表等	2分	酌情扣分	
	4	元器件无落地现象	4分	操作不当扣4分	
	5	操作过程沉着冷静	3分	酌情扣分	
	6	剥线钳的准备	2分	操作不当扣2分	
	7	剥线尺规调节	4分	操作不当扣4分	
	8	截线	2分	操作不当扣2分	
	9	送线	2分	操作不当扣2分	
	10	剥线	2分	操作不当扣2分	
	11	去除绝缘层	2分	操作不当扣2分	
	12	端子压接钳的准备	2分	操作不当扣2分	
	13	端子压接钳压接端口认识	3分	操作不当扣3分	
	14	连接器的选取	4分	选取不当扣4分	
	15	连接器的固定	4分	操作不当扣4分	
	16	压接口的导线放入	3分	操作不当扣3分	
	17	端子压接钳的压接	4分	操作不当扣4分	
	18	压接效果的检查	3分	操作不当扣3分	
	19	焊接材料的选用	3分	操作不当扣3分	
	20	剥线	3分	操作不当扣3分	
	21	焊接表面清洁	3分	操作不当扣3分	
	22	端头上锡	4分	操作不当扣4分	
	23	电线的绞合	4分	操作不当扣4分	
	24	焊接部位加热	4分	操作不当扣4分	
	25	焊丝供给	4分	操作不当扣4分	
	26	焊锡部位移开	4分	操作不当扣4分	
	27	焊接效果的检查	4分	检查不当扣4分	
	28	绝缘套安装	2分	操作不当扣2分	
	29	操作前实训指导书的使用	3分	酌情扣分	
	30	在规定时间完成	4分	酌情扣分	
	31	填写工单	4分	酌情扣分	
	32	5S工作	4分	酌情扣分	
	33	遵守相关安全规范		因违规操作造成人身和设备事故的，总分按0分计	
		分数合计	100分		

（二）简单电路的连接考核标准表

考核时间	序号	考核项目	满分	评分标准	得分
20min	1	工作服、鞋、帽穿戴整洁	2分	酌情扣分	
	2	发型、指甲等符合工作要求	2分	酌情扣分	
	3	不佩戴首饰、钥匙、手表等	2分	酌情扣分	
	4	元器件无落地现象	4分	操作不当扣4分	
	5	操作过程沉着冷静	3分	酌情扣分	
	6	准备	3分	操作不当扣3分	
	7	简单电路图识读	6分	操作不当扣6分	
	8	熔断器连接	3分	操作不当扣3分	
	9	开关1连接	3分	操作不当扣3分	
	10	接线柱连接	3分	操作不当扣3分	
	11	开关2连接	3分	操作不当扣3分	
	12	电位器连接	3分	操作不当扣3分	
	13	灯泡L1连接	4分	选取不当扣4分	
	14	开关3连接	3分	操作不当扣3分	
	15	灯泡L2、L3连接	8分	操作不当扣8分	
	16	元器件间线路连接	5分	操作不当扣5分	
	17	电源连接	3分	操作不当扣3分	
	18	开关1闭合	3分	操作不当扣3分	
	19	开关2、3闭合	4分	操作不当扣4分	
	20	灯泡工作情况观察	6分	操作不当扣6分	
	21	电位器调节	4分	操作不当扣4分	
	22	电路开关断开	4分	操作不当扣4分	
	23	电源连接断开	4分	操作不当扣4分	
	24	操作前实训指导书的使用	3分	酌情扣分	
	25	在规定时间完成	4分	酌情扣分	
	26	填写工单	4分	酌情扣分	
	27	5S工作	4分	酌情扣分	
	28	遵守相关安全规范		因违规操作造成人身和设备事故的，总分按0分计	
		分数合计	100分		

任务4 基本电参数测量

一 任务说明

1 基本电参数

（1）电流：是电荷在电路中的定向运动。电流的符号为I，电流的单位是安培（A），常用单位还有千安（kA）、毫安（mA）、微安（μA）等。其换算关系为1kA=1 000A，1A=1 000mA，1mA =1 000μA。

（2）电压：是电路中两点之间的电位差。电压的符号为U，电压的单位是伏特（V），常用单位还有千伏（kV）、毫伏（mV）、微伏（μV）等。其换算关系为1kV=1 000V，1V=1 000mV，1mV=1 000μV。

（3）电阻：是导体对电流的阻碍作用。电阻的符号为R，电阻的单位是欧姆（Ω），常用单位还有千欧（kΩ）、兆欧（mΩ）等。其换算关系为1mΩ=1 000kΩ，1kΩ=1 000Ω。

2 欧姆定律

在部分电路中，流过电阻的电流与电阻两端电压成正比，与导体的电阻成反比，如下图所示。

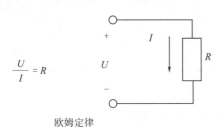

欧姆定律

（1）在电路中，因所选电流、电压的参考方向不同，欧姆定律的表达式中将出现正负号。

（2）当电压和电流参考方向一致时，如下图所示。

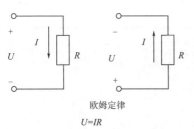

欧姆定律
$U=IR$

（3）当电压和电流参考方向不一致时，如下图所示。

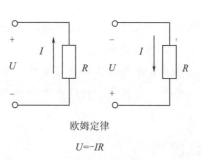

欧姆定律
$U=-IR$

3 电阻串、并联电路

（1）电阻串联电路：两个或两个以上电阻依次连成无分支的电路，如下图所示。

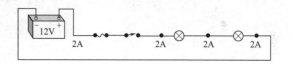

特点：
①总电阻是各串联电阻之和。
②流过每个电阻的电流是相同的。
③总电压是各电阻两端的电压之和。

（2）电阻并联电路：两个或两个以上的电阻的两端接在电路中相同的两点间，承受同一电压的电路，如下图所示。

特点：
①总电阻的倒数是各并联电阻的倒数之和。
②电路的总电流是每条支路的电流之和。
③各并联支路电阻两端的电压相同。

二 技术标准与要求

（1）数字式万用表测量基本电参数的量程和表笔插孔选择要正确。

（2）直流电源的电压为12V。

三 实训时间

四 实训教学目标

（1）数字式万用表测量电阻、电压和电流等电参数的使用方法。
（2）欧姆定律的验证。
（3）电阻串、并联电路基本电参数的测量。
（4）电阻串、并联电路的计算方法（电压、电流、电阻等）。

五 实训器材

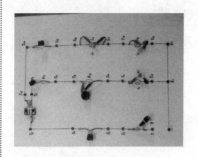

基本电路示教板

12V电源

数字万用表

六 教学组织

1 教学组织形式

每块示教板安排一组两名学生实训。两名学生实行职责变换制度，一位学生为主，另一位为辅，进行轮换操作。

2 实训教师职责

讲解操作步骤和注意事项；下达"操作开始"口令；工位间巡视、检查、指导和纠正错误。

七 操作步骤

▲ 第一步 电路组成的认识

电路是电流流过的路径，由电源、负载、导线和控制保护装置四部分组成。

1 电源。

为电路提供电能的设备和器件（如蓄电池、发电机、开关电源等）。

2 负载。

电路中的各种用电设备（如灯泡等），负载是消耗电能的装置。

3 导线。

连接电源和负载，传输电能和信号（如铜、铝线）。

4 控制保护装置。

控制电路工作状态的器件和设备（如开关、继电器和熔断器）。

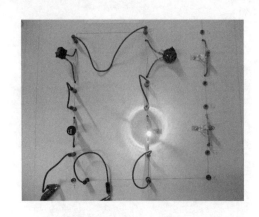

🌲 第二步　基本电参数测量

1 简单电路连接。

学生根据教师提供的电路图按序连接线路。

（1）线路未连接完成前，不得与电源相连，防止短路现象产生。

（2）电路连接错误，不规范。

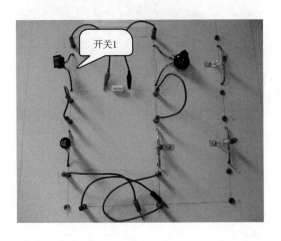

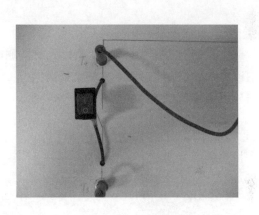

3 观察灯泡工作情况。

（1）注意操作过程中，防止触电、短路现象发生。

（2）灯泡未正常发光，学生纠正电路不正确。

（3）如灯泡未正常发光，调节电位器至电阻最小值或请老师协助。

2 电源接通，开关1闭合。

学生检查线路完成后，接通电源，闭合开关1。

（1）接通电源前线路开关处于断开状态。

（2）注意操作过程中防止触电、短路现象发生。

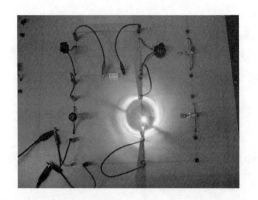

4 电压测量准备。

准备数字式万用表待测电压,红表笔插入"VΩ"插孔,黑表笔插入"COM"插孔。

提示:

防止表笔插入错误。

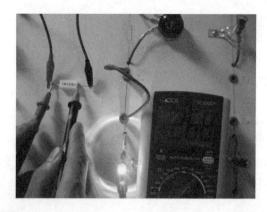

7 电流测量准备。

测量电路电流前,黑表笔插入"COM"插座,红表笔插入"200mA"座。

提示:

(1)测量20A时,该挡位未设熔断器,不能连续测量。

(2)如果对被测电流没有事先掌握,红表笔先插入"20A"座,然后调至相应挡位,如屏幕显示"1",表明已超过量程范围。

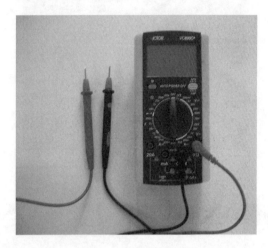

5 电压挡选择。

旋钮开关至直流20V挡(如果事先对被测电压范围没有掌握,应将量程开关转至最高挡位,然后根据显示值转到相应挡位)。

提示:

挡位选择应正确。

8 水泥电阻电流I_1测量。

将表笔串接在电路中,红表笔接正极,黑表笔为负极,读取数值I_1。

提示:

测试时应保证电流从万用表红笔输入,黑笔输出。如表笔接反,万用表显示的数据前有"-"号。

6 水泥电阻二端电压U_1测量。

将测试表笔跨接在被测水泥电阻上,红表笔为正极,黑表笔为负极,并记录数据U_1。

提示:

测试时应保证电流从万用表红笔输入,黑笔输出。如表笔接反,万用表显示的数据前有"-"号。

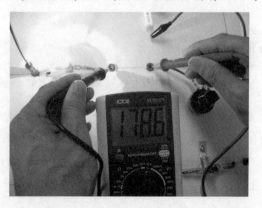

9 电位器调节。

旋转电位器,使电路电阻发生变化,从灯泡的亮度上可以判断出变化情况。

:

如接入电阻过大,会导致灯泡不亮(电路电流过小)。

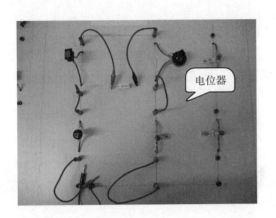

10 水泥电阻电压U_2测量。

将表笔串接在电路中,红表笔接正极,黑表笔接负极,读取数值U_2。

:

测试时应保证电流从万用表红笔输入,黑笔输出。如表笔接反,万用表显示的数据前有"-"号。

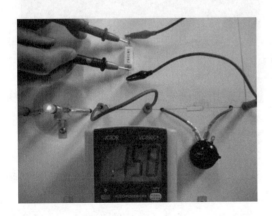

11 水泥电阻电流I_2测量。

将表笔串接在电路中,红表笔接正极T8端,黑表笔接负极T9端,读取数值I_2。

:

(1)万用表不能并连在电路上。

(2)测试时应保证电流从万用表红笔输入,黑笔输出。如表笔接反,万用表显示的数据前有"-"号。

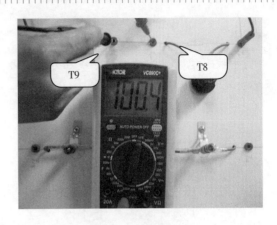

12 水泥电阻阻值R测量。

左手握住电阻器绝缘部位,右手握笔跨接被测量电阻引脚,读取数据R(减去误差0.2Ω)。

:

人体部位同时接触被测电阻引脚或表笔。

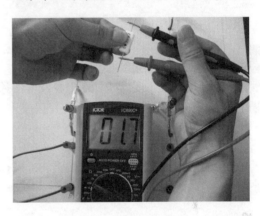

13 电路开关1断开,电路电源断开。

打开电路开关1,断开与电路电源的连接。

:

断开电源前未断开开关。

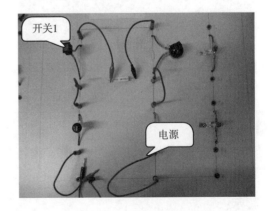

14 万用表装复。

手握表笔头把表笔轻轻从插孔中拔出,红黑表笔固定在一起。

提示：

（1）拔表笔时直接用手拉电线且力度过大，易损坏表笔和插孔。

（2）表笔线忌胡乱缠在一起。

15 数据分析。

技术要求：分析数据，计算U/I得出数据：$R_1=U_1/I_1$，$R_2=U_2/I_2$，并比较R_1、R_2与R的数值。

16 欧姆定律验证。

在同一电路中，导体中的电流跟导体两端的电压成正比，跟导体的电阻阻值成反比，这就是欧姆定律。基本公式是$I=U/R$。

🌲 第三步 串联电路基本电参数检测

1 准备。

教师提供线路板、接线柱、万用表及本任务所需器材。

提示：

由于灯泡在工作中的阻值变化较大，为保证实验效果，建议用电阻器代替灯泡。

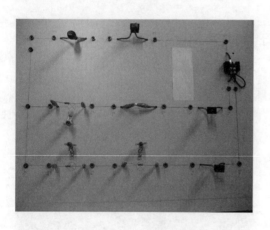

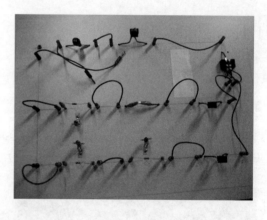

3 电源连接。

学生检查线路完成后，接通电源，闭合开关1、3，开关2断开。

提示：

（1）注意操作过程中，防止触电、短路现象发生。

（2）防止接通电源前线路开关处于接通状态。

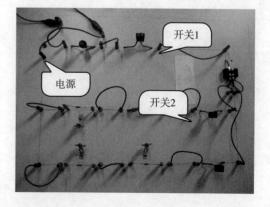

2 线路连接。

学生根据教师提供的电路图按序连接线路（先不与电源相连）。

提示：

（1）线路未连接完成前，不得与电源相连，防止短路现象产生。

（2）电路连接错误，不规范。

万用表电压挡选择。

旋钮开关至"DC20V"挡（如果事先对被测电压范围没有概念，应将量程开关转至最高挡位，然后根据显示值转到相应挡位）。

提示：

挡位选择应正确。

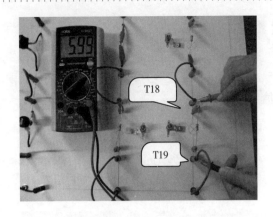

5 R_2端电压测量。

将测试表笔跨接在电阻R_2端T16、T17孔，红表笔为正极，黑表笔为负极，并记录数据。

提示：

（1）万用表不得串联在电路上。

（2）测试时应保证电流从万用表红笔输入，黑笔输出。如表笔接反，万用表显示的数据前有"-"号。

7 R_2、R_3两端总电压测量。

将测试表笔跨接在电阻R_2、R_3两端孔T16、T19上，红表笔为正极，黑表笔为负极，并记录数据。

提示：

测试时应保证电流从万用表红笔输入，黑笔输出。如表笔接反，万用表显示的数据前有"-"号。

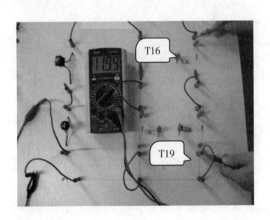

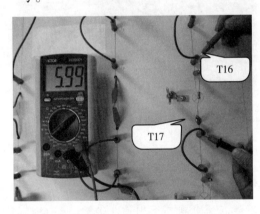

 R_3端电压测量。

将测试表笔跨接在电阻R_3端T18、T19上，红表笔为正极，黑表笔为负极，并记录数据。

提示：

（1）万用表不得串联在电路上。

（2）测试时应保证电流从万用表红笔输入，黑笔输出。如表笔接反，万用表显示的数据前有"-"号。

8 电流测量挡选择。

测量电路电流前，黑表笔插入"COM"插孔，红表笔插入"200mA"孔。

提示：

使用"20A"挡时，由于该挡位不设保险，不能连续测量。

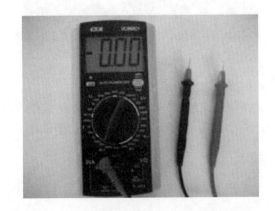

通过R_2电流测量。

拔出T15、T16连接线,将表笔串接在支路2的T15、T16孔中,红表笔为T15,黑表笔为T16,读取数值。

提示:

测试时应保证电流从万用表红笔输入,黑笔输出。如表笔接反,万用表显示的数据前有"-"号。

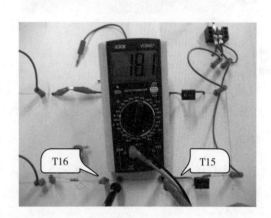

10 通过R_3电流测量。

技术要求:拔出T17、T18连接线,将表笔串接在支路2的T17、T18孔中,红表笔接T17,黑表笔接T18,读取数值。

提示:

(1)万用表不能并连在电路上。

(2)测试时应保证电流从万用表红笔输入,黑笔输出。如表笔接反,万用表显示的数据前有"-"号。

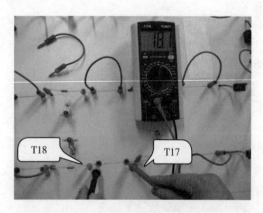

 电源输出电流测量。

拔出T4、T5连接线,将表笔串接在主路的T4、T5插孔中,红表笔接T4,黑表笔为T5,读取数值。

提示:

(1)万用表不能并连在电路上。

(2)测试时应保证电流从万用表红笔输入,黑笔输出。如表笔接反,万用表显示的数据前有"-"号。

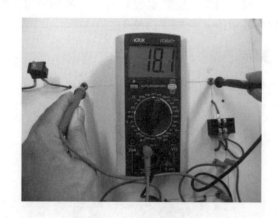

12 万用表电阻挡选择并校零。

选择万用表电阻"200Ω"挡,表笔直接接触,显示屏上数值为电阻挡误差值。

提示:

(1)测试笔伤手,安全用电。

(2)调零时手指或其他杂物不能碰到表笔。

13 电源开关3断开。

断开电源开关。

提示:

不能在通电状态下测量电阻值。

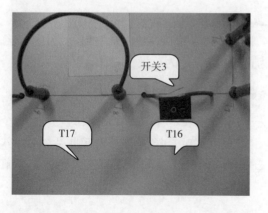

R_2电阻值测量。

表笔跨接在R_2端T16、T17间,读取显示屏数据。

提示:

(1)安全用电。

(2)测量时人体部位不能接触被测元器件引脚或表笔。

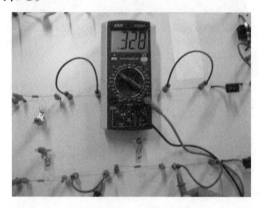

 R_3电阻值测量。

表笔跨接在R_3端T18、T19间,读取显示屏数据。

提示:

注意安全用电。

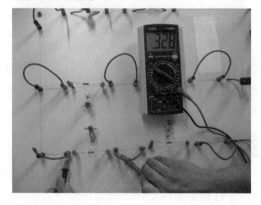

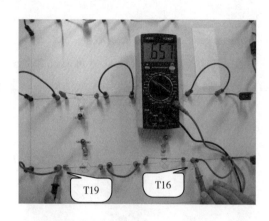 支路2总电阻测量。

表笔跨接在R_2、R_3端T16、T19间,读取显示屏数据。

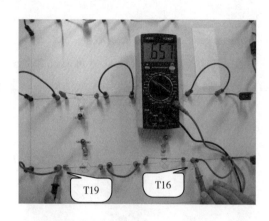

17 数据分析。

在上述串联电路中,经检测$R_2=328\Omega$;$R_3=328\Omega$,R_2、R_3两端电阻R为657Ω;通过R_2电流I_2为181mA,通过R_3电流I_3为181mA,电源输出电流为181mA。R_2端电压为5.99V,R_3端电压为5.99V,R_2、R_3端电压为11.99V。

18 结论。

根据上述数据得到:$R=R_2+R_3$;$I=I_2=I_3$;$U=U_2+U_3$。

串联电路中:

(1)总电阻是所有电阻之和。

(2)流过每个电阻的电流是相同的。

(3)每个电阻的电压之和等于电源电压。

第四步 基本电路基本电参数检测

 电源开关闭合。

按主路、支路1、支路2顺序闭合电路三个电源开关1、2、3。

提示:

(1)安全用电。

(2)闭合电源开关未按顺序。

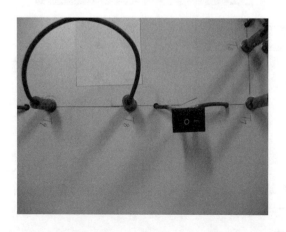

2 支路1电压测量。

将测试表笔跨接在支路1电阻R1端T10、T13孔，红表笔为T10，黑表笔为T13，并记录数据。

提示：

（1）万用表不得串联在电路上。

（2）测试时应保证电流从万用表红笔输入，黑笔输出。如表笔接反，万用表显示的数据前有"-"号。

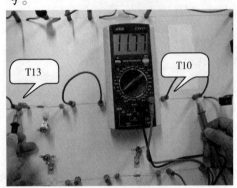

3 支路2电压测量。

将测试表笔跨接在支路2电阻R_2、R_3端T16、T19孔，红表笔为T16，黑表笔为T19，并记录数据。

提示：

（1）万用表不得串联在电路上。

（2）测试时应保证电流从万用表红笔输入，黑笔输出。如表笔接反，万用表显示的数据前有"-"号。

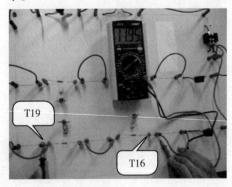

4 电路总电压测量。

将测试表笔跨接在主路E与T5孔间，红表笔为T5，黑表笔为E，并记录数据。

提示：

（1）万用表不得串联在电路上。

（2）测试时应保证电流从万用表红笔输入，黑笔输出。如表笔接反，万用表显示的数据前有"-"号。

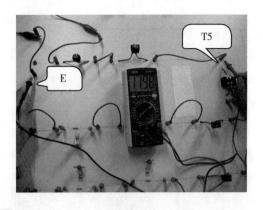

5 支路1电流测量。

拔出T9、T10连接线，将表笔串接在支路1的T9、T10孔中，红表笔为T9，黑表笔为T10，读取数值。

提示：

（1）万用表不能并连在电路上。

（2）测试时应保证电流从万用表红笔输入，黑笔输出。如表笔接反，万用表显示的数据前有"-"号。

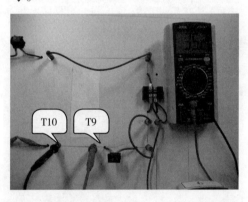

6 支路2电流测量。

拔出T15、T16连接线，将表笔串接在支路2的T15、T16孔中，红表笔为T15，黑表笔为T16，读取数值。

提示：

（1）万用表不能并连在电路上。

（2）测试时应保证电流从万用表红笔输入，黑笔输出。如表笔接反，万用表显示的数据前有"-"号。

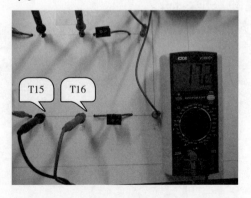

7 电路总电流测量。

拔出T4、T5连接线，将表笔串接在主路的T4、T5孔中，红表笔为T4，黑表笔为T5，读取数值。

提示：

（1）万用表不能并连在电路上。

（2）测试时应保证电流从万用表红笔输入，黑笔输出。如表笔接反，万用表显示的数据前有"−"号。

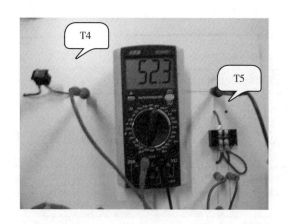

8 支路1总电阻测量。

表笔跨接在支路1的R_1端T12、T13间，读取显示屏数据。

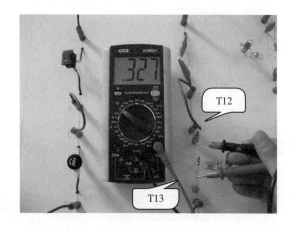

9 支路2总电阻测量。

表笔跨接在支路2电阻R_2、R_3端T16、T19之间，读取显示屏数据。

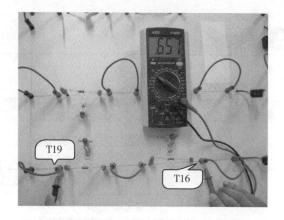

10 电路总电阻测量。

表笔跨接在T5、E端，测量电路总电阻，读取显示屏数据。

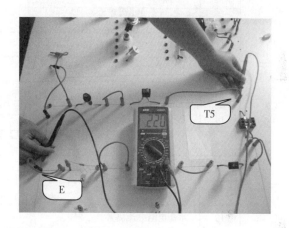

11 数据分析。

在上述并联电路中，经检测支路1电阻$R_1=327\Omega$；支路2电阻R_2、R_3两端电阻R_{23}为657Ω，电路总电阻为$R=220\Omega$。

通过支路1电流$I_1=352mA$，通过支路2电流$I_2=172mA$，电源输出电流为523mA。

支路1端电压U_1为11.90V，支路2端电压U_2为11.95V，电路端电压为U为11.98V。

12 结论。

根据上述数据得到：$U=U_1=U_2$；$I=I_1+I_2$；$R=1/(1/R_1+1/R_{23})$。

并联电路中：

（1）加至每条并联支路的电压相同。

（2）每条支路的电流之和等于电路的总电流。

（3）总电阻小于电路中最小的电阻，即$R=1/(1/R1+1/R2+1/R3)$。

八 考核标准

考核标准表

考核时间	序号	考核项目	满分	评分标准	得分
40min	1	工作服、鞋、帽穿戴整洁	2分	酌情扣分	
	2	发型、指甲等符合工作要求	2分	酌情扣分	
	3	不佩戴首饰、钥匙、手表等	2分	酌情扣分	
	4	工具、器材无落地现象	2分	操作不当扣2分	
	5	操作过程沉着冷静	2分	操作不当扣2分	
	6	用电安全	2分	操作不当扣2分	
	7	无人员受伤及设备损伤事故	2分	操作不当扣2分	
	8	简单电路连接(欧姆定律验证)	2分	操作不当扣2分	
	9	电源接通,开关打开	1分	操作不当扣1分	
	10	灯泡工作情况观察	1分	操作不当扣1分	
	11	电压测量准备万用表	1分	操作不当扣1分	
	12	电压挡选择	1分	操作不当扣1分	
	13	水泥电阻两端电压测量	2分	操作不当扣2分	
	14	电流测量准备	1分	操作不当扣1分	
	15	水泥电阻电流测量	2分	操作不当扣2分	
	16	调节电位器	1分	操作不当扣1分	
	17	水泥电阻电压测量	2分	操作不当扣2分	
	18	水泥电阻电流测量	2分	操作不当扣2分	
	19	水泥电阻阻值测量	2分	操作不当扣2分	
	20	电路电源断开	1分	操作不当扣1分	
	21	万用表装复	1分	操作不当扣1分	
	22	数据分析	4分	操作不当扣4分	
	23	准备(串联电路检测)	1分	操作不当扣1分	
	24	线路连接	2分	操作不当扣2分	
	25	电源连接	2分	操作不当扣2分	
	26	万用表选择电压挡	2分	操作不当扣2分	
	27	电阻R_2端电压测量	2分	操作不当扣2分	
	28	电阻R_3端电压测量	2分	操作不当扣2分	
	29	电阻R_2、R_3两端总电压测量	2分	操作不当扣2分	
	30	电流测量挡选择	1分	操作不当扣1分	
	31	通过R_2电流测量	2分	操作不当扣2分	
	32	通过R_3电流测量	2分	操作不当扣2分	
	33	电源输出电流测量	2分	操作不当扣2分	
	34	万用表电阻挡选择并校零	1分	操作不当扣1分	
	35	电源开关断开	1分	操作不当扣1分	

续上表

考核时间	序号	考核项目	满分	评分标准	得分
40min	36	R_2电阻值测量	2分	操作不当扣2分	
	37	R_3电阻值测量	2分	操作不当扣2分	
	38	支路2总电阻测量	2分	操作不当扣4分	
	39	数据分析	4分	操作不当扣4分	
	40	电源开关闭合（并联电路检测）	1分	操作不当扣1分	
	41	支路1电压测量	2分	操作不当扣2分	
	42	支路2电压测量	2分	操作不当扣2分	
	43	电路总电压测量	2分	操作不当扣2分	
	44	支路1电流测量	2分	操作不当扣2分	
	45	支路2电流测量	2分	操作不当扣2分	
	46	电路总电流测量	2分	操作不当扣2分	
	47	支路1总电阻测量	2分	操作不当扣2分	
	48	支路2总电阻测量	2分	操作不当扣2分	
	49	电路总电阻测量	2分	操作不当扣2分	
	50	数据分析	4分	酌情扣分	
	51	操作前实训指导书的使用	2分	操作不当扣2分	
	52	学员之间的配合默契	2分	酌情扣分	
	53	在规定时间完成	2分	操作不当扣2分	
	54	填写工单	2分	操作不当扣2分	
	55	5S工作	2分	酌情扣分	
分数合计			100分		

任务 5　基本电路状态检测

一　任务说明

1. 电路的三种状态

1）通路（闭路）

（1）通路：就是电源和负载构成了闭合回路，通路状态根据负载的大小分为满载、轻载和过载三种情况，不允许电路出现过载。

（2）高电阻现象在汽车电路中经常出现。高电阻会引起整个电路或某个器件断断续续地导通，或者电路中电流过低。

（3）故障现象：灯泡亮度降低，喇叭声弱，有可能是高电阻引起的。电路连接不好、松动或者接头不干净都有可能引起高电阻问题。

（4）故障检测方法：用万用表电阻挡可以测试各元件及线路电阻，发现阻值明显升高，就可判定高电阻故障，进而查看电气部件有无破裂、扭结、松动现象存在。

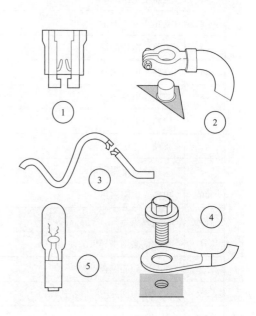

2）断路（开路）

（1）断路：就是电源和负载未构成闭合回路，电路中无电流通过，如下图所示。

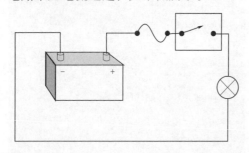

例如在单线制汽车电路中，电源与负载之间连线松脱，负载与车架的金属部分搭铁线脱落等。如本页右上角图所示为熔断器的熔丝熔断、电源导线断裂、搭铁线断开、灯泡烧坏等。

（2）故障现象：一个串联电路中出现断路故障，会导致整个电路都不通。

（3）故障检测方法：检测电路中断路的方法是用万用表直流电压挡分别测量电路中各个部件两端的电压，电压表一端搭铁，另一端分别接某一个部件的两端，如果一端有电压，而另一端没有电压，则这个部件中间肯定有断路存在。

3）短路

（1）短路：就是电源未经负载而直接由导体接通构成闭合回路。短路时，回路中电阻近似为零，电流增大几十倍或几百倍，烧坏导线，损坏电源及其他设备，影响电路的正常工作。

搭铁短路的诊断：搭铁短路时指电路未经过负载提前搭铁的一种故障现象，如下图所示，原因是电路导线绝缘层破损导致搭铁短路，电流没有通过灯泡而直接返回接地端。

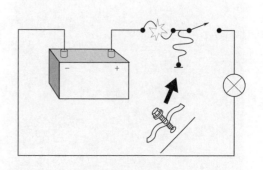

故障现象：熔断丝或其他电路保护装置断开，灯泡不亮。

（2）电源短路的诊断：对电源短路是一个电路的意外导通。原因是在下图所示中，电流绕过开关直接流至负载。

故障现象：开关处于断开状态，灯泡也会点亮的情况。

故障检测方法：检测负载的正极电压，找出控制该负载的开关的短路情况，加以排除。

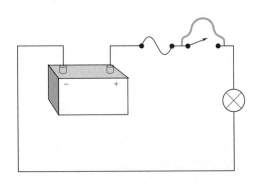

❷ 简单电路的故障检测方法

测量法是故障检测中使用最广泛、最有效的方法。

按检测的电参数特性类型可分为：电阻法、电压法、电流法、逻辑状态法和波形法。

1）电阻法

（1）万用表测量电子元器件或电路各点之间电阻值来判断故障的方法。

（2）两种基本方式：在线、离线。

（3）检测应用范围：开关、接插件、导线、印制板导电图形的通断及电阻器的变质，电容器短路，电感线圈断路等故障，电路不通电检测，风险最小。

特别提醒：

①使用电阻法时应在线路断电、大电容放电的情况下进行，否则结果不准确，还可能损坏万用表。

②在线测量时应将万用表表笔交替测试，对比分析。

2）电压法

（1）测量电压判断故障的方法按电源性质类型分为交流和直流。

（2）直流电压测量步骤：测量稳压电路输出端是否正常；各单元电路及电路的关键"点"处电压是否正常；对比正常工作的同种电路测得各点电压找出故障所在部位。

3）电流法

用检测电流方法查线路故障，类型有直接测量和间接测量。

（1）直接测量法，就是将电流表直接串接在待检测的回路测得电流值的方法。其特点是直观、准确。但缺点是断开元器件进行测量，不大方便。

（2）间接测量法，实际上是用测电压的方法，将所测得的电压换算成电流值。其特点是快捷方便。但当元器件有故障时则不容易做出准确判断。

二 技术标准与要求

（1）数字式万用表测量电参数的量程和表笔插孔选择要正确。

（2）直流电源的电压为12V。

三 实训时间 40min ★★

四 实训教学目标

（1）简单电路的故障检测方法。
（2）简单电路工作状态的检测及故障分析。

五 实训器材

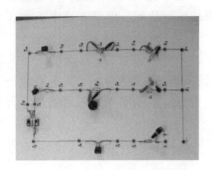
基本电路示教板

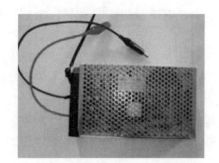
12V电源

数字万用表

六 教学组织

1 教学组织形式

每块示教板安排一组两名学生实训。两名学生实行职责变换制度,一位学生为主,另一位为辅,进行轮换操作。

2 实训教师职责

讲解操作步骤和注意事项;下达"操作开始"口令;工位间巡视、检查、指导和纠正错误。

七 操作步骤

第一步 接地短路故障检测流程

1 故障设置(开关负极接地短路)。

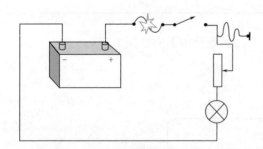

2 小灯泡的工作情况观察。
(1)接通开关,观察小灯泡工作情况。
(2)观察熔断器的通断情况。
(3)故障分析:若小灯泡不亮、熔断器断开,检查电路的各点是否接地短路。

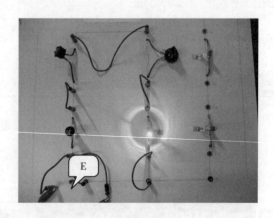

3 灯泡正极的电压检查。
(1)断开电源,闭合开关。
(2)将测试表笔跨接在灯泡L1两端即T11与E测试孔,红表笔为正极,黑表笔为负极,检查灯座两端电压是否在规定的范围内。
(3)故障分析:若电压为零,则电路T11端有短路存在。

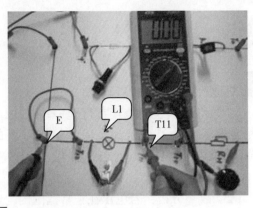

4 开关与负极端电压检查。

（1）将测试表笔跨接在E端、T3端，红表笔为正极，黑表笔为负极，测得的电压是否在规定的范围内（11~12V）。

（2）故障分析：若电压为零，则T3端接地短路存在，检查并进行修理。

提示：

表笔极性颠倒（显示屏上数据前有"–"号）。

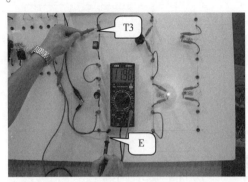

♣ 第二步　电源短路的诊断

1 故障设置（开关短路）。

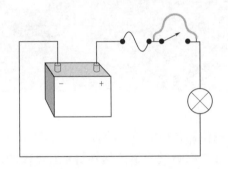

2 小灯泡的工作情况观察。

接通开关，观察小灯泡工作情况。

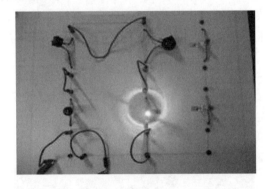

3 灯泡正极的电压检查。

将测试表笔跨接在灯泡L1的T11端和E端，红表笔为正极，黑表笔为负极，检查灯座的正极端子T11端，测得的电压是否在规定的范围内（11~12V）。

提示：

表笔极性颠倒（显示屏上数据前有"–"号）。

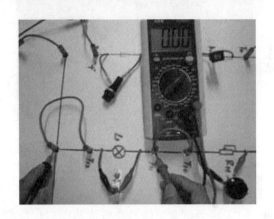

4 断开开关、开关负极的电压检查。

（1）断开开关，将测试表笔跨接在E与T3端，红表笔为正极，黑表笔为负极，测得的电压是否在规定的范围内（12V左右）。

（2）故障分析：若电压为12V左右，则开关有短路故障，并进行修理。

提示：

表笔极性颠倒（显示屏上数据前有"–"号）。

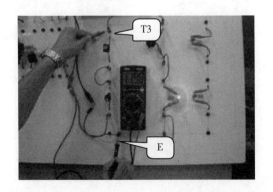

第三步　断路的诊断

1 故障设置如图（开关断路）。

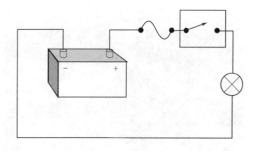

2 观察小灯泡的工作情况。

接通开关，观察小灯泡工作情况。

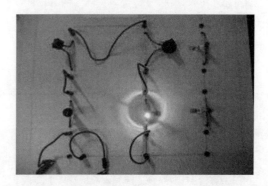

 灯泡正极的电压检查。

（1）将测试表笔跨接在灯泡两端T11、E测试孔，红表笔为正极，黑表笔为负极，检查灯座的正极端子T12端，测得的电压是否在规定的范围内（11~12V）。

（2）故障分析：若电压正常（12V左右），则至步骤4；若电压为零，则之前的电路有断路存在。

提示：

表笔极性颠倒（显示屏上数据前有"-"号）。

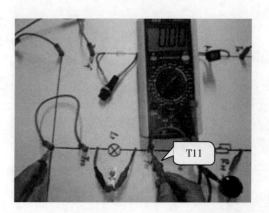

 灯泡负极的电压检查。

（1）将测试表笔跨接在灯泡E端和T12端，红表笔为正极，黑表笔为负极，检查灯座的负极端子T12端，测得的电压是否在规定的数值（0.00）。

（2）故障分析：若电压在正常范围内，则电路有接地断路存在，并进行修理。

提示：

表笔极性颠倒（显示屏上数据前有"-"号）。

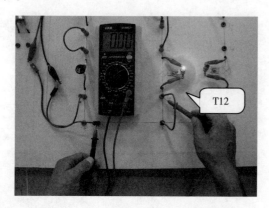

 电位器正极的电压检查。

（1）将测试表笔跨接在灯泡E端和T9端，红表笔为正极，黑表笔为负极，测得的电压是否在规定的范围内（8~12V）。

（2）故障分析：若电压正常，则T9-T11有断路故障，检查电位器是否故障，并进行修理；若电压为零，之前的电路有断路存在，至步骤6。

提示：

表笔极性颠倒（显示屏上数据前有"-"号）。

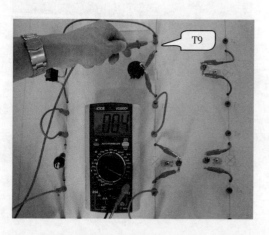

6 开关正极电压的检测。

（1）将测试表笔跨接在灯泡E端和T3端，红表笔为正极，黑表笔为负极，测得的电压是否在规定的范围内（12V左右）。

（2）故障分析：若电压为零，则之前的电路有断路存在，至步骤7；若电压正常，则开关有断路故障，并进行修理。

提示：

表笔极性颠倒（显示屏上数据前有"–"号）。

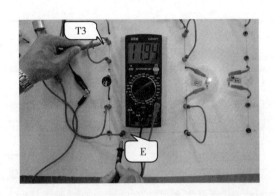

7 熔断器正极的电压检查。

（1）将测试表笔跨接在灯泡E端和T2端，红表笔为正极，黑表笔为负极，测得的电压是否在规定的范围内（12V左右）。

（2）故障分析：若电压为零，则无电源电压，检查电源。若电压正常，则熔断器有断路故障，并进行修理。

提示：

表笔极性颠倒（显示屏上数据前有"–"号）。

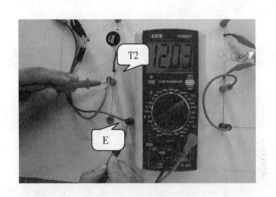

第四步　高电阻的诊断

1 故障设置如图（接地端高电阻）。

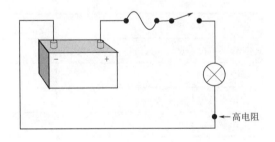

2 小灯泡的工作情况观察。

接通开关，观察小灯泡工作情况。

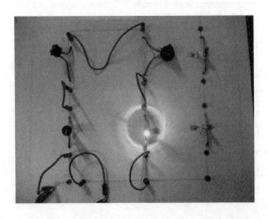

3 灯泡正极的电压检查。

（1）将测试表笔跨接在灯泡L1两端的T11、E端测试孔，红表笔为正极，黑表笔为负极，检查灯座的正极端子T11端，测得的电压是否在规定的范围内（11~12V）。

（2）故障分析：若电压正常（10~12V）左右，则至步骤4。

提示：

表笔极性颠倒（显示屏上数据前有"–"号）。

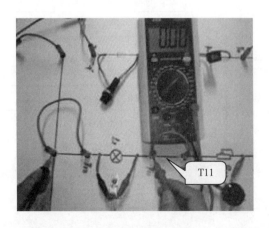

4 灯泡负极的电压检查。

（1）将测试表笔跨接在灯泡E端和T12端，红表笔为正极，黑表笔为负极，检查灯座的负极端子T12端；

（2）故障分析：若电压在0.36V以上，则电路有接地高电阻存在，并进行修理。

提示：

表笔极性颠倒（显示屏上数据前有"-"号）。

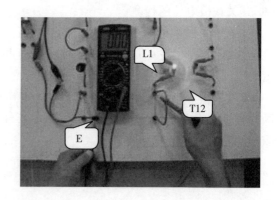

八、考核标准

考核时间	序号	考核项目	满分	评分标准	得分
40min	1	工作服、鞋、帽穿戴整洁	2分	酌情扣分	
	2	发型、指甲等符合工作要求	2分	酌情扣分	
	3	不佩戴首饰、钥匙、手表等	2分	酌情扣分	
	4	工具、器材无落地现象	4分	操作不当扣4分	
	5	操作过程沉着冷静	1分	操作不当扣1分	
	6	用电安全	2分	操作不当扣4分	
	7	无人员受伤及设备损伤事故	2分	操作不当扣4分	
	8	电路的组成结构认识	4分	操作不当扣4分	
	9	简单电路的连接与拆除	4分	操作不当扣4分	
		简单电路（短路检测）	1分	操作不当扣1分	
	10	小灯泡的工作情况观察	2分	操作不当扣4分	
	11	灯泡正极的电压检查	4分	操作不当扣4分	
	12	开关的负极端电压检查	4分	操作不当扣4分	
	13	熔断器负极端电压检查	4分	操作不当扣4分	
	14	简单电路短路修理	1分	操作不当扣1分	
	15	小灯泡的工作情况观察	2分	操作不当扣4分	
	16	灯泡正极的电压检查	4分	操作不当扣4分	
	17	开关断开，开关负极的电压检查	4分	操作不当扣4分	
	18	开关接通，观察小灯泡工作情况	2分	操作不当扣4分	
	19	灯泡正极的电压检查	4分	操作不当扣4分	
	20	灯泡负极的电压检查	4分	操作不当扣4分	
	21	电位器正极的电压检查	4分	操作不当扣4分	
	22	开关正极的电压检查	4分	操作不当扣4分	
	23	熔断器正极的电压检查	4分	操作不当扣4分	
	24	简单电路断路修理	1分	操作不当扣1分	
	25	小灯泡的工作情况观察	2分	操作不当扣4分	
	26	灯泡正极的电压检查	4分	操作不当扣4分	

续上表

考核时间	序号	考 核 项 目	满分	评 分 标 准	得　分
40min	27	灯泡负极的电压检查	4分	操作不当扣4分	
	28	简单电路高电阻修理	4分	操作不当扣4分	
	29	操作前实训指导书的使用	2分	酌情扣分	
	30	学员之间的配合默契	2分	酌情扣分	
	31	在规定时间完成	4分	酌情扣分	
	32	填写工单	4分	酌情扣分	
	33	5S 工作	2分	酌情扣分	
		分数合计	100分		

任务 6　全车电路识读与分析

一　任务说明

（1）汽车电路图主要用于表达各电气系统的工作原理及电器间的连接关系，同时还可标示各电器、线束等在车上的具体位置。尽管不同车型的电路图的风格各异，但根据各车型电路图的特点可分成以下几种。

①接线图。
②电路原理图。
③布线图。
④线束图。

（2）汽车电路原理图的识读方法。

由于各国汽车电路图的绘制方法、符号标注、文字标注、技术标准的不同，各汽车生产厂家汽车电路图的画法有很大差异。在识读任何一种电路图前，必须对电路图的表达方式有所了解。

①对电路图中的各电器的表达方式（电器符号及文字标注等）的了解。
②对图中标注、代码及缩略语含义的了解。
③对图中特殊的表达方式、如粗细实线或虚线在不同情况下的不同含义，不同车型电路图中某些独特标志等的了解。

因此，掌握汽车电路图识读的基本方法显得十分重要。

二　技术标准与要求

（1）汽车电路图的种类及特点要区别。

（2）识图时各汽车电路原理图规范的差异要区别。

三　实训时间　40min　

四　实训教学目标

（1）汽车电路图种类和组成的了解。
（2）汽车电路基本识读方法的掌握。

五　实训器材

多媒体教学设备投影仪。

六　教学组织

1　教学组织形式

每块示教板安排一组两名学生实训。两名学生实行职责变换制度，一位学生为主，另一位为辅，进行轮换操作。

2　实训教师职责

讲解操作步骤和注意事项；下达"操作开始"口令；工位间巡视、检查、指导和纠正错误。

七 操作步骤

1 汽车电路图种类。

（1）电气线路图（天津华利牌系列微型汽车电气接线图如下图所示）：按照电气设备在汽车上大致安装的位置绘制的电路图。其特点是：

①整车电气设备数量准确，线路的走向清楚，有始有终，便于循线跟踪，查找起来比较方便。

②图上电线纵横交错，印制板面小而不易分辨；识图、画图费时费力。

③不易抓住电路的重点、难点；不易表达电路内部结构与工作原理。

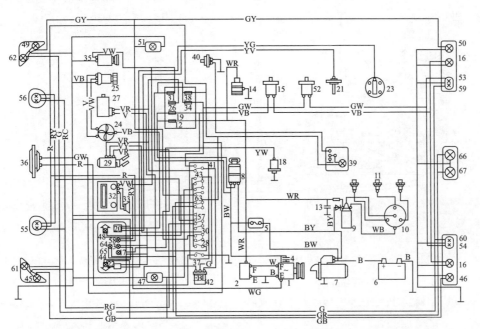

BW-蓝白；BY-蓝黄；G-绿；GB-绿蓝；GY-绿黄；GW-绿白；R-红；RG-红绿；RY-红黄；RW-红白；V-紫；VB-紫蓝；VW-紫白；VR-紫红；VY-紫黄；YW-黄白

（2）电路原理图（天津华利牌系列微型汽车电路图如下图所示）：按规定的图形符号，把仪表及各种电气设备，按电路原理，由上到下合理地连接起来，再进行横向排列形成的电路图。其特点是：

①表达了电器之间的连接，展现了电气设备内部电路情况。

②容易分析各电器工作时电流的具体路径。

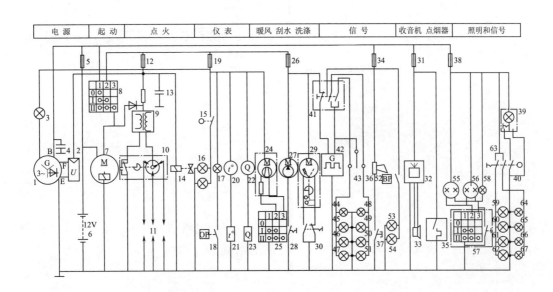

（3）布线图（富康988轿车仪表系统定位图如下图所示）：是人们在汽车上能够实际接触到的汽车电路图，是突出装配记号的一种电路表现形式，便于安装、配线、检测与维修。其特点如下：

①一般采用绘制的立体图或实物照片的形式，立体感强，能直观、清晰地反映电器在车上的实际位置。

②是突出装配记号的一种电路表现形式，非常便于安装、配线、检测与维修。

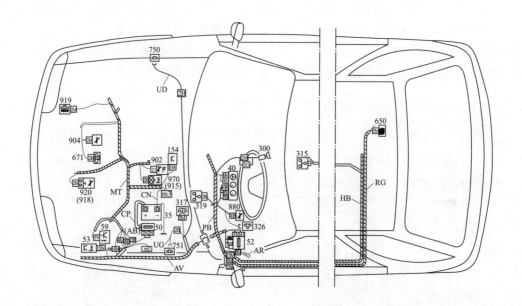

35-蓄电池；40-仪表板；50-发动机舱盖下熔断器盒；52-车内熔断器盒；53-冷却液温度控制盒；154-车速传感器；300-点火开关；315-驻车制动开关；317-液面开关；319-制动灯开关；326-阻风门开关（未用）；650-燃油表传感器；671-机油压力表传感器；750-右前制动摩擦片报警器；751-左前制动摩擦片报警器；880-仪表照明变阻器；915-冷却液温度传感器；59、902、904、918、920-未用；970-发动机温度报警开关

（4）线束图（见下图）：反映的是已制成的线束外形，通过连接器、铰接点与车内电器或车体连接，可从线束图中了解线束的走向及线束各部连接器的位置。

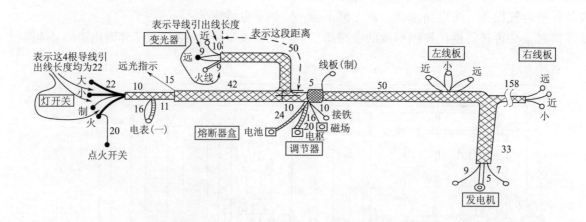

2 汽车电路图的组成。

各汽车公司电路图的组成大同小异，现以德国大众汽车的电路图（见下页上端图）为例分析其电路的组成。

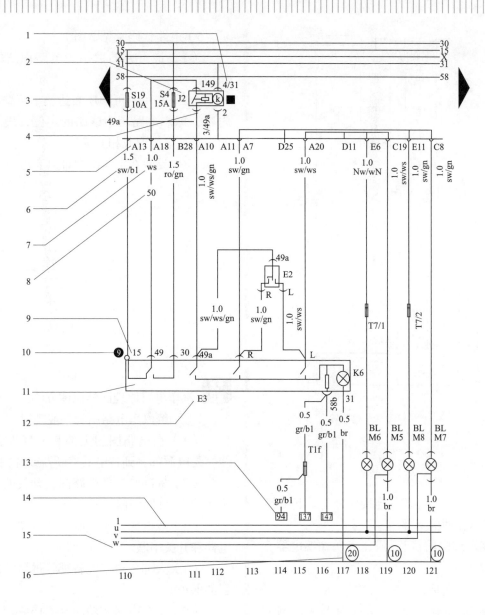

1）内部连接部分

（1）以细线画出，这部分连接是存在的，但线路是不存在的。

（2）标示线路为了说明连接关系，使电路图更加容易理解。

（3）如下图所示，14为内部连线（细线）；15为内部连接线符号，字母表示下一线路图的连接线；16为搭铁点标记符号，据此可查到搭铁点在车身上的位置。

2）外接线部分（见下页左上角第一幅图）

（1）以粗实线画出，集中在电路图的中间。导线用于将以上各种装置连接起来构成电路。

（2）7表示导线颜色标记及导线截面积，以文字或英文简写字母表示。

（3）6表示双色的导线，导线上标有两种颜色的英文字母标记。

（4）13为导线连接端，方框内的数字表示为接续导线。

3）电器元件部分（见下页左上角第二幅图）

（1）表达电气设备、电器元件之间的连接关系。

（2）用框图辅以相应的代号表示，如12表示框图；E3表示报警灯开关等。

（3）电器元件的接线点用标号9标出，例如有接点标记15、49等。

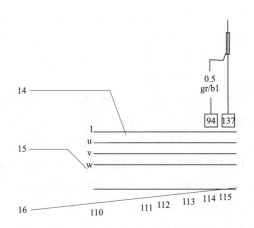

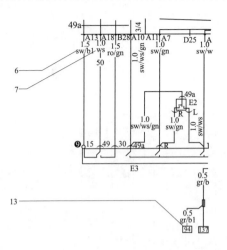

5）电路代码（见下图）

（1）最下方的数字为电路识图的标记号，如17。

（2）作用：可顺序表达整个车型电路的全部内容，标志电路图中线路的定位，表示每一部分的相对独立情况及相互联系。

（3）反映在电路图中难以表达的接线部分。

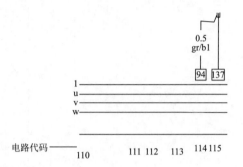

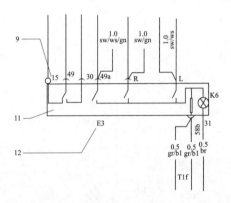

3 汽车电路原理图的识读方法。

1）了解汽车电路图的一般规律

（1）在电路图的上部是电气设备的公共火线，是电源部分到各电器熔断器或开关的导线。

（2）标准画法的电路图，开关的触点位于零位或静态，即断开状态。

（3）双电源、单线制，各电器相互并联，继电器和开关串联。

（4）大部分电气设备都经过熔断器，受熔断器的保护。

（5）整车电路按功能及工作原理划分成若干独立的电路系统。

2）认真阅读圈注

了解电路图的名称、技术规范，明确图形符号的含义。

3）掌握回路

（1）回路是指从一个电源的正极出发，经过用电器，回到同一电源的负极。

（2）直流电路电流总是要从电源的正极出发，通过导线、熔断器、开关到达用电器，再经过导线（或搭铁）回到同一电源的负极。

4）熟悉开关作用

开关是控制电路通、断的关键，电路中主要的开关往往汇集许多导线，如点火开关、车灯总开关，读图时应注意与开关有关的五个问题：

（1）在开关的许多接线柱中，注意哪些是接电源，哪些是接用电器的。接线柱旁是否有接线符号，这些符号是否常见。

（2）开关共有几个挡位，在每个挡位中，哪

4）继电器、熔断器及其连接部分（见下图）

（1）表示在图的上部。

（2）表示继电器位置号1，表明在继电器盒上位置。

（3）继电器名称2。

（4）继电器盒上插接元件符号4。例如3/49a：3表示继电器盒上12号继电器座的3号插孔，49a表示继电器/控制器上的49a插头。

（5）继电器盒上连接件符号5，指出一个带线束的多孔或单孔插头的位置，例如A13为多孔插头A的13触点。

（6）熔断器标号及熔断器容量3。例如：熔断器座上的19号熔断器（10A）。

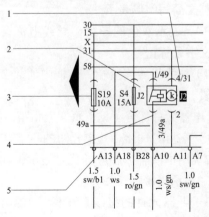

些接线柱通电，哪些接线柱断电。

（3）蓄电池或发电机电流是通过什么路径到达这个开关的，中间是否经过别的开关和熔断器，这个开关是手动的还是电控的。

（4）各个开关分别控制哪个用电器，被控用电器的作用和功能是什么。

（5）在被控的用电器中。哪些电器处于常通，哪些电路处于短暂接通。哪些应先接通，哪些应后接通。哪些应单独工作，哪些应同时工作，哪些电器允许同时接通。

5）识图的一般方法

（1）先看全图。

把单独的系统框出来，一般来讲，各电气系统的电源和电源总开关是公共的。任何一个系统都应该是一个完整的电路，都应遵循回路原则。

（2）分析各系统的工作过程、相互间的联系。

在分析某个电气系统之前，要清楚该电气系统所包含各部件的功能、作用和技术参数等。在分析过程中应特别注意开关、继电器触点的工作状态，大多数电气系统都是通过开关、继电器不同的工作状态来改变回路，实现不同功能的。

（3）通过对典型电路的分析，起到触类旁通的作用。

不同类型汽车的电路原理图，很多部分都是类似或相近的，这样，通过一个具体的例子，举一反三，对照比较。触类旁通，可以掌握汽车的一些共同规律，再以这些共性为指导，了解其他型号汽车的电路原理。又可以发现更多的共性以及各种车型之间的差异。

4 电源系统电路的实例分析。

捷达轿车电源系统电路由发电机、蓄电池、起动机、点火开关组成，如下图所示。

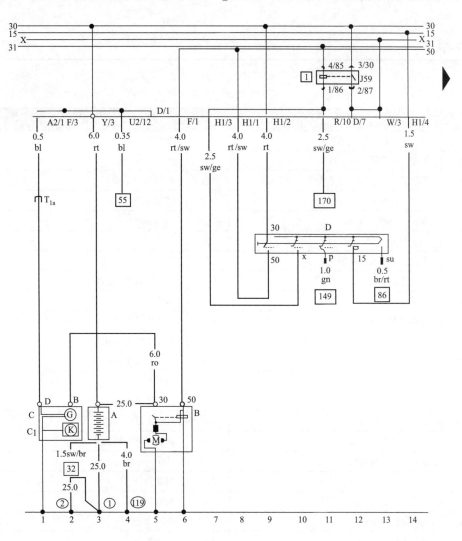

A-蓄电池；J59-X-触点卸荷继电器；ws-白色；bl-蓝色；B-起动机；T1a-单孔接头—蓄电池附近；sw-黑色；gr-灰色；C-发电机；①搭铁线，蓄电池—车身；rt-红色；vi-紫色；C₁-电压调节器；②搭铁线，变速器—车身；br-棕色；ge-黄色；D-点火开关；⑲-搭铁连接点1，前大灯线束内；gn-绿色

1）蓄电池

A——蓄电池。

①——搭铁线，为蓄电池至车身的连线。

②——搭铁线，为变速器至车身的连线。搭铁线截面积为25.0mm²。

⑲——搭铁连接点至前照灯线束内的连线。

蓄电池正极→起动机接点30—（25.0）向起动机供大电流。

发电机B+—（红色6.0）充电电路。

Y连接器—（红色6.0）向其他设备供电。

2）起动机

B——起动机。

5、6——自身搭铁。

接点50→F连接器—（红/黑4.0）。

H1连接器→点火开关接点50—（红/黑 4.0）起动机电磁开关控制电路。

3）发电机

C——发电机。

C_1——发电机电压调节器。

1——自身搭铁。

发电机D+端子→（T1a）→A2连接器→线路编号55→接仪表板→二极管→点火开关。

4）点火开关

D——点火开关。

接点SU（86）→收放机电路—（棕/红0.5）。

接点15→连接器H1（4）→点火系统供电

接点P（149）→停车灯供电。

接点X→连接器H1（34）→J59继电器（1）接点86引脚。

接点50→起动机控制线。

八 考核标准

考核标准表

考核时间	序号	考核项目	满分	评分标准	得分
40min	1	工作服、鞋、帽穿戴整洁	2分	酌情扣分	
	2	发型、指甲等符合工作要求	2分	酌情扣分	
	3	不佩戴首饰、钥匙、手表等	2分	酌情扣分	
	4	工具、器材无落地现象	2分	酌情扣分	
	5	操作过程沉着冷静	2分	酌情扣分	
	6	用电安全	2分	酌情扣分	
	7	无人员受伤及设备损伤事故	2分	酌情扣分	
	8	内部连接部分	8分	认识不够酌情扣分	
	9	外接线部分	8分	认识不够酌情扣分	
	10	电器元件部分	8分	认识不够酌情扣分	
	11	继电器、熔断器及其连接部分	10分	认识不够酌情扣分	
	12	电路代码	4分	认识不够酌情扣分	
	13	电源系统电路的实例分析	4分	酌情扣分	
	14	蓄电池的连接认识	8分	认识不够酌情扣分	
	15	发电机的连接认识	8分	认识不够酌情扣分	
	16	起动机的连接认识	8分	认识不够酌情扣分	
	17	点火开关的连接认识	10分	认识不够酌情扣分	
	18	操作前实训指导书的使用	2分	酌情扣分	
	19	学员之间的配合默契	2分	酌情扣分	
	20	在规定时间完成	2分	酌情扣分	
	21	填写工单	2分	酌情扣分	
	22	5S 工作	2分	酌情扣分	
		分数合计	100分		

任务7 有源传感器的基本检测

一、任务说明

1 概述

1）传感器的作用

传感器（sensor）是能感受规定的被测量并按照一定的规律转换成可用信号的器件或装置，通常由敏感元件和转换元件组成。传感器是实现自动检测和自动控制的首要环节。

在汽车上，传感器是让电控单元（ECM）知道汽车状态的电子元件。传感器能及时识别外界的变化和系统本身的变化，再根据变化的信息去控制本身系统的工作。各个系统控制过程正是依靠传感器进行信息的反馈，实现自动控制过程。

2）传感器的分类

汽车各个电子控制系统均有相应的传感器，一般汽车上有十多个传感器，中高级轿车有几十个传感器。传感器的类型很多，每一种传感器又有多种类型。按照能量观点分类，可分为有源型和无源型两类。

2 有源传感器

有源传感器为主动型传感器，它是将非电能量转化为电能量，只转化能量本身，并不转化能量信号的传感器。该传感器不需要外加电源，只要有相应的物理化学条件就能够输出电信号，但常常配合有电压测量电路和放大器，如压电式、热电式、磁电式。有源传感器一般有两个端子，一个是信号端子，另一个是搭铁端子。

采用压电效应、磁致伸缩效应、热电效应、光电效应等制成的传感器都属于有源传感器。

1）热电式有源传感器

热电式传感器是一种将热量变化转换为电量变化的一种能量转换器件。在各种热电式传感器中，把温度量转换为电势和电阻的方法最为普遍。其中将温度转换为电势的热电式传感器叫热电偶，将温度转换为电阻值的热电式传感器叫热电阻。

热电效应：如右上角图所示，把两种不同材料的导体（或半导体）组成一个闭合回路，如果两端温度不同（设$t>t_0$），则在回路中就会产生热电势。这种由于温度不同而产生电动势的现象，称为热电效应。若两端的温差越大，产生的热电势也越大。

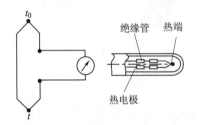

2）压电式有源传感器

压电传感器是利用某些电介质受力后产生的压电效应制成的传感器。所谓压电效应是指一些电介质在受到某一方向的外力作用而发生形变（包括弯曲和伸缩形变）时，由于内部电荷的极化现象，会在其表面产生电荷的现象。压电材料可分为压电单晶、压电多晶和有机压电材料。

压电式有源传感器在汽车上同样也有它的作用。比如说压电式爆震传感器（见下图），它安装在发动机的缸体上，传感器的外壳内装有压电元件、配重块及导线等。其原理是：当发动机的汽缸体产生的振动传递到传感器外壳时，外壳与配重块之间产生相对运动。夹在它们之间的压电元件上的挤压力发生变化，使其输出的电压信号发生变化，而控制组件仅能检测出7kHz振动而形成的电压。根据此电压的大小来判断爆震强度，进而相应地把点火时间推迟，以避免产生爆震。

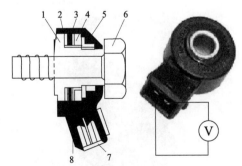

1-套筒底座；2-绝缘垫圈；3-压电元件；4-惯性配重；5-塑料壳体；6-固体螺栓；7-接线插头；8-电极

3）磁电式有源传感器

磁电式传感器是利用电磁感应原理，将输入运动速度变换成感应电势输出的传感器（见下图）。它不需要辅助电源，就能把被测对象的机械能转换成易于测量的电信号，是一种有源传感器。这类传感器中，线圈和永久磁铁都是静止的，与被测物体连接而运动的部分是由导磁材料制成的。改变磁路的磁阻，从而改变磁通量，进而感生电动势。磁电式传感器有时也称作电动式或感应式传感器，它只适合用作动态测量。它可作为转速传感器，利用磁通量的变化产生感应电动势，把电势的频率作为输出信号。

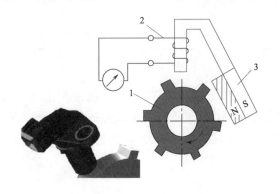

1-信号转子；2-传感线圈；3-永久磁铁

❸ 有源传感器的检测内容

（1）传感器的信号电压（或数据流）。
（2）传感器线束的导通性（断路或短路）。
（3）传感器的电阻值。
（4）传感器的波形。

传感器的检测方法很多，可使用测试灯、万用表、示波器等仪器。本章所讲述的检测所用设备则是以示波器、万用表为主。

二 技术标准与要求

（1）正确使用万用表进行有源传感器的检测。 （2）正确使用KT600解码仪示波器。

三 实训时间 40min ★★

四 实训教学目标

（1）了解传感器的作用、组成。
（2）熟悉有源传感器的基本检测方法。

五 实训器材

KT600

万用表

六 教学组织

1 教学组织形式

每辆车安排4名学生参与实训，一人操作，三人观察学习。4名学生轮流操作一次后换下组学生。

2 实训教师职责

讲解操作步骤和注意事项；下达"操作开始"口令；工位间巡视、检测、指导和纠正错误。

七 操作步骤

端子简介：

1——传感器信号端子；
2——传感器搭铁端子；
11、12——电脑连接端子；
a-b、c-d——传感器与电控单元之间的连接线。

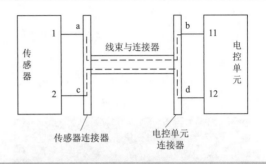

▲ 第一步 前期准备

（1）查看示教板上各类型和规格的传感器。
（2）元器件是否不全丢失。
（3）传感器采用磁电式转速传感器。

▲ 第二步 检测有源传感器波形（电控单元端）

1 连接示波器。

提示：

（1）使用连接线连接1-a、2-c端子。
（2）使用T型连接线连接b-11、d-12端子。
（3）将T型连接线的另一个接头连接到示波器相应端子。
（4）接线时，线束接头易搞混接反。

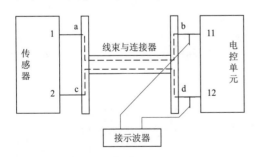

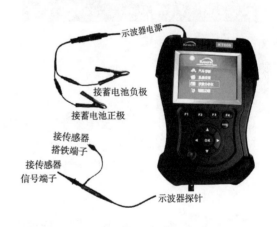

（1）选择"示波器分析仪"。

2 使传感器处于工作状态。

提示：

例如磁电式传感器使信号转子转动。

3 通过使用KT600诊断仪示波器察看传感器波形。

（2）选择"通用示波器"。

（3）查看波形。

如若波形不明显，可以通过右边的周期、幅值等进行调整。

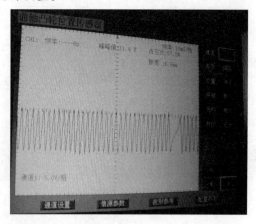

 波形分析判断。

（1）右图为卡罗拉曲轴位置传感器信号波形。
（2）波形正常，根据维修手册更换电控单元。
（3）波形错误，检测有源传感器波形（传感器端）。

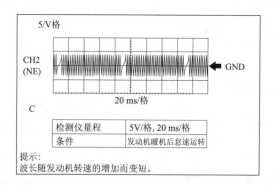

检测仪量程	5V/格，20 ms/格
条件	发动机暖机后怠速运转

提示：
波长随发动机转速的增加而变短。

 波形分析内容。

　　磁电式传感器不需要外部电源，它有两条屏蔽线连接在静磁线圈上，当触发轮通过线圈和静磁铁的磁场时就会有小电压产生，触发轮是由低磁阻的钢制造的。

　　幅值、频率和形状在确定的条件下（转速等）是一致的、可重复的、有规律的和可预测的，这意味着峰值的幅度应该足够高，两脉冲时间间隔（频率）一致（除同步脉冲），形状一致并可预测。

　　确认波形的频率同发动机转速同步变化，两个脉冲间隔只是在同步脉冲出现时才改变，能使两个脉冲间隔时间改变的唯一理由是磁阻轮上的齿轮数缺少或特殊齿经过传感器，任何其他改变脉冲间隔时间的都意味着存在故障。

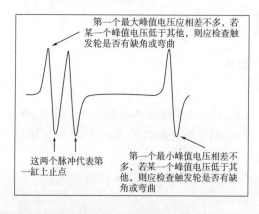

第三步　检测有源传感器波形（传感器端）

 连接示波器。

（1）使用连接线连接b-11、d-12端子。
（2）使用T形连接线连接1-a、2-c端子。
（3）将T型连接线的另一个接头连接到示波器相应端子。
（4）接线时，线束接头易搞混接反。

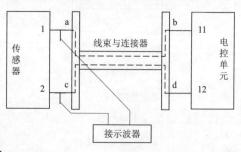

 使传感器处于工作状态。

例如磁电式传感器使信号转子转动。

3 通过使用KT600诊断仪示波器查看传感器波形。

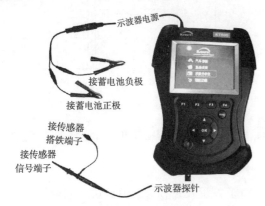

（1）选择"示波器分析仪"。

（2）选择"通用示波器"。

（3）查看波形。

提示:

如若波形不明显，可以通过右边的周期、幅值等进行调整。

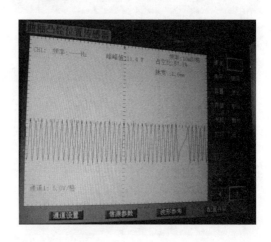

4 波形分析判断。

提示:

（1）下图为卡罗拉曲轴位置传感器信号波形。
（2）波形正常，检测传感器线束、线束连接器。
（3）波形错误，检测传感器电阻。
（4）波形分析内容同第二步。

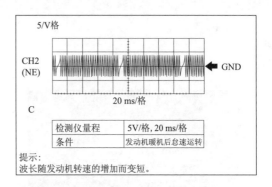

第四步 检测传感器线束、线束连接器的断路检测

1 万用表选择电阻挡。

提示:

不同形式的万用表选用的挡位不同，右图列出三种万用表挡位选择按钮。

使用数字万用表欧姆（200Ω以下的量程）量程测量电阻时，应先将两表笔短路，测出两表笔导线的电阻值，然后从测得的阻值中减去此值，这才是该电阻的实际阻值。不同型号万用表的两表笔导线的电阻值各不相同，测量电阻时必须进行校验。

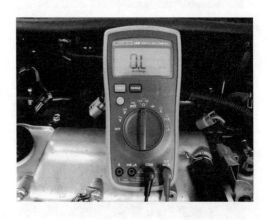

任务 7 有源传感器的基本检测

  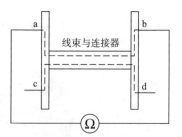

2 测出万用表两表笔导线的电阻值。

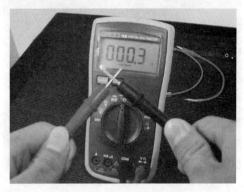

4 检测c、d导线的电阻值。

提示：

（1）万用表量程为200Ω以下的挡位。
（2）断开各个开关。
（3）标准值＜1Ω。

3 检测a、b导线的电阻值。

提示：

（1）万用表量程为200Ω以下的挡位。
（2）断开各个开关。
（3）标准值＜1Ω。

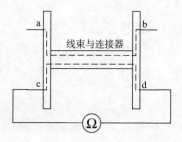

♣ 第五步　检测传感器线束、线束连接器的断路检测

1 万用表选择电阻挡。

3 检测a、d导线的电阻值。

提示：

（1）万用表量程选择20MΩ挡位。
（2）断开各个开关。
（3）标准值为10kΩ或更大。

2 测出万用表两表笔导线的电阻值。

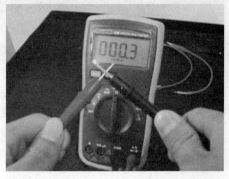

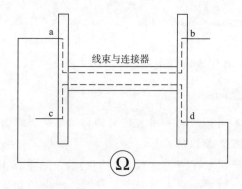

🌲 第六步　检测有源传感器的电阻值

1 万用表选择电阻挡。

2 测出万用表两表笔导线的电阻值。

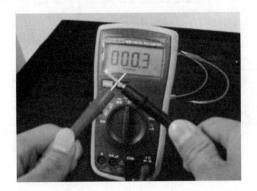

3 检测传感器1、2端子之间的电阻值。

 提示：

标准电阻值根据维修手册决定。

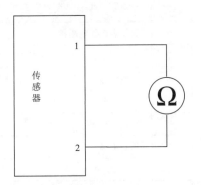

4 传感器电阻结果判断。

 提示：

（1）错误：根据维修手册更换有源传感器（应先检测，后更换）。

（2）正常：根据维修手册检测传感器外部环境（比如传感器与搭配件之间的间隙等）。

八 考核标准

考核标准表

考核时间	序号	考核项目		满分	评分标准	得分
40min	1	清理工位、清点工具		4分	酌情扣分	
	2	前期准备		4分	酌情扣分	
	3	连接示波器		4分	操作不当扣4分	
	4	使传感器处于工作状态		4分	操作不当扣4分	
	5	通过使用KT600诊断仪示波器察看传感器波形	选择"示波器分析仪"	2分	操作不当扣2分	
			选择"通用示波器"	2分	操作不当扣2分	
			查看波形	2分	操作不当扣2分	
			波形分析判断	4分	操作不当扣4分	
	6	连接示波器		4分	操作不当扣4分	
	7	使传感器处于工作状态		4分	操作不当扣4分	
	8	通过使用KT600诊断仪示波器察看传感器波形	选择"示波器分析仪"	2分	操作不当扣2分	
			选择"通用示波器"	2分	操作不当扣2分	
			查看波形	2分	操作不当扣2分	
			波形分析判断	4分	操作不当扣4分	
	9	万用表选择电阻挡		4分	操作不当扣4分	
	10	测出万用表两表笔导线的电阻值		4分	操作不当扣4分	

续上表

考核时间	序号	考核项目	满分	评分标准	得 分
40min	11	检测 a、b 导线的电阻值	4分	操作不当扣4分	
	12	检测 c、d 导线的电阻值	4分	操作不当扣4分	
	13	万用表选择电阻挡	4分	操作不当扣4分	
	14	测出万用表两表笔导线的电阻值	4分	操作不当扣4分	
	15	检测 a、d 导线的电阻值	4分	操作不当扣4分	
	16	万用表选择电阻挡	4分	操作不当扣4分	
	17	测出万用表两表笔导线的电阻值	4分	操作不当扣4分	
	18	检测传感器 1、2 端子之间的电阻值	4分	选取不当扣4分	
	19	传感器电阻结果判断	4分	操作不当扣4分	
	20	在规定时间完成	4分	操作不当扣4分	
	21	填写工单	4分	操作不当扣4分	
	22	5S 工作	4分	操作不当扣4分	
		遵守相关安全规范		因违规操作造成人身和设备事故的，总分按0分计	
		分数合计	100分		

任务8 有源传感器的检测举例

一 任务说明

有源传感器为主动型传感器，它是将非电能量转化为电能量，只转化能量本身，并不转化能量信号的传感器。该传感器不需要外加电源，只要有相应的物理化学条件就能够输出电信号，但常常配合有电压测量电路和放大器。有源传感器在车辆上使用广泛，比如说利用压电效应的爆震传感器、利用电磁感应原理的位置传感器等。有源传感器一般有两个端子，一个是信号端子，另一个是搭铁端子。但由于自身产生信号过低，所以其信号传输线与搭铁线会被屏蔽线包裹。导线外部有导体包裹的导线叫屏蔽线，包裹的导体叫屏蔽层，一般为编织铜网或铜箔（铝）。屏蔽层需要搭铁，外来的干扰信号可被该层导入大地，避免干扰信号进入内层导体，以防内层导体被干扰，同时降低传输信号的损耗。

卡罗拉（COROLLA）1ZR-FE发动机使用磁电式曲轴位置传感器，用它检测发动机曲轴转角和活塞上止点，并将检测信号及时输入发动机电子控制单元，用以控制点火时刻和喷油正时，同时也用于测量发动机的转速。曲轴位置传感器安装在汽缸体左侧、发动机前端靠近皮带轮处，它包括一个曲轴位置信号盘和一个耦合线圈。信号盘有34个齿，并安装在曲轴上。耦合线圈由缠绕的铜线、铁芯和磁铁组成。信号盘旋转时，随着每个齿经过耦合线圈，便产生一个脉冲信号。发动机每转一圈，耦合线圈产生34个脉冲信号。ECM根据这些信号计算出曲轴位置和发动机转速。使用这些计算结果，可以控制燃油喷射时间和点火正时。

二 技术标准与要求

（1）1ZR-FE发动机发用的曲轴位置传感器为磁电式曲轴位置传感器。

（2）电路图及标准数据。

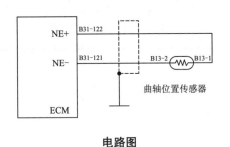

电路图

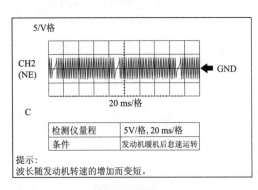

传感器脉冲波形

标 准 电 阻

检测仪连接	条 件	规 定 状 态
B13-1~B13-2	20℃（68℉）	1850~2450Ω
B13-1~B31-122	始终	小于1Ω
B13-2~B31-121	始终	小于1Ω
B13-1或B31-122~车身搭铁	始终	10kΩ或更大
B13-2或B31-121~车身搭铁	始终	10kΩ或更大

三 实训时间 40min ★★

四 实训教学目标

（1）了解曲轴位置传感器的作用、组成、工作情况。
（2）熟悉曲轴位置传感器的基本检测方法。

五 实训器材

KT600

万用表

卡罗拉整车一辆

六 教学组织

1 教学组织形式
每辆车安排4名学生参与实训，一人操作，三人观察学习。4名学生轮流操作一次后换下组学生。

2 实训教师职责
讲解操作步骤和注意事项；下达"操作开始"口令；工位间巡视、检测、指导和纠正错误。

七 操作步骤

▲ 第一步 前期准备

1 准备工具：万用表、T型线、示波器(KT600诊断仪)等。

2 安装翼子板布。

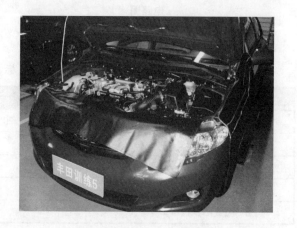

第二步 检测曲轴位置传感器波形（电控单元端）

 将点火开关置于LOCK位置。

提示：

（1）将钥匙逆时针旋转关闭点火开关。

（2）在拆装电控系统中电元件和传感器连接器时，特别是电感型负载，应关闭点火开关。防止自感电动势损坏电控单元（ECM）。

 断开蓄电池负极。

提示：

（1）使用10mm梅花扳手拧松紧固螺栓。

（2）断开蓄电池负极。

（3）使用扳手的另一头不能与蓄电池正极接触，防止短路。

 断开电控单元ECM连接器。

提示：

连接器锁扣的手柄必须由水平位置方向向垂直位置方向扳动方能完全解除锁止，不允许在未完全解锁的情况下强行拆除连接器。

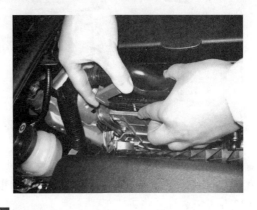

 将ECM连接器放置于合适的位置。

提示：

由于线索及连接器的位置空间较狭窄，断开ECM连接器时应注意轻提轻放。

 连接T型连接线。

提示：

（1）将T型连接线两端串联在电控单元端连接器上，另一端作为检测端。

（2）下图为示意图，市场上无本车ECM的T型连接器。

（3）大多数车可使用大头针将其ECM连接器后面插破，但是如果ECM连接器后面线束带有防水套则需制作T型连接器进行检测。

6 下图为示波器相应端子示意图。

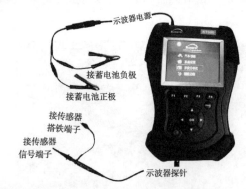

7 查看维修手册，ECM连接器和端子的前视图如下图所示。

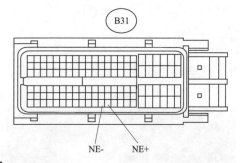

8 将检测探针插入ECM连接器 B31-122（NE+）、B31-121(NE-)端子内。

：

不允许用数字万用表的测试笔头直接插入连接器端子内，以防止端子损坏。

9 示波器探针连接点，正极探针接B31-122（NE+），负极搭铁线接B31-121（NE-）。

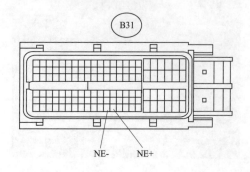

10 下图为示波器。

提示：

（1）将大头针插入连接器的端口。

（2）将T型连接线的另一个接头连接到示波器相应端子。

（3）接线时，线束接头易搞混接反。

11 连接蓄电池负极。

：

（1）安装断开蓄电池负极。

（2）使用10mm梅花扳手拧紧固螺栓。

（3）防止梅花扳手的另一头与蓄电池正极接触。

12 连接示波器电源。

：

（1）下图为示波器电源与蓄电池的连接。

（2）将黑鳄鱼夹接蓄电池负极。

（3）将红鳄鱼夹接蓄电池正极。

起动发动机,使发动机保持怠速工况。

提示:

(1)旋转点火开关至ON挡位,稍等片刻仪表板中的相关指示灯会熄灭。

(2)顺时针旋转点火开关至ST挡位起动发动机。

 通过示波器查看波形。

(1)选择"示波分析仪"。

提示:

使用示波器屏幕下方的箭头按钮或专用触摸屏笔选择"示波分析仪"。

(2)选择"传感器"。

(3)选择"曲轴凸轮轴位置传感器"。

(4)查看波形。

提示:

下图为卡罗拉曲轴位置传感器信号波形。

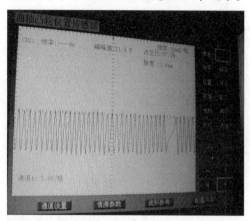

 波形分析判断。

提示:

查阅维修手册察看标准波形(技术标准与要求):波形正常,根据维修手册更换电控单元ECM;波形错误,检测曲轴位置传感器波形(传感器端)。

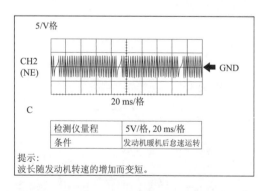

检测仪量程	5V/格,20 ms/格
条件	发动机暖机后怠速运转

提示:
波长随发动机转速的增加而变短。

波形分析内容。

磁电式传感器不需要外部电源,它有两条屏蔽线连接在静磁线圈上,当触发轮通过线圈和静磁铁的磁场时就会有小电压产生,触发轮是由低磁阻的钢制造的。

幅值、频率和形状在确定的条件下(转速等)

是一致的、可重复的、有规律的和可预测的,这意味着峰值的幅度应该足够高,两脉冲时间间隔(频率)一致(除同步脉冲),形状一致并可预测。

确认波形的频率同发动机转速同步变化,两个脉冲间隔只是在同步脉冲出现时才改变,能使两个脉冲间隔时间改变的唯一理由是磁阻轮上的齿轮数缺少或特殊齿经过传感器,任何其他改变脉冲间隔时间的都意味着故障。

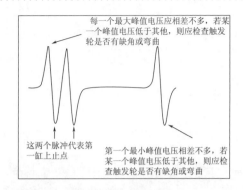

▲ 第三步　检测曲轴位置传感器波形(传感器端)

1 将点火开关置于LOCK位置。

提示：

(1)将钥匙逆时针旋转关闭点火开关。

(2)在拆装电控系统中电元件和传感器连接器时,特别是电感型负载,应关闭点火开关。防止自感电动势损坏电控单元(ECM)。

2 确认曲轴位置传感器所在位置。

提示：

曲轴位置传感器位于发动机前面。

3 断开曲轴位置传感器连接器。

提示：

用手指按住锁扣位置断开连接器。

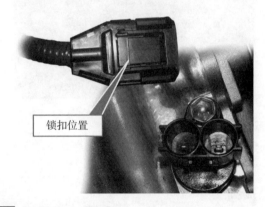

4 连接T型连接线。

提示：

(1)将T型连接线串联在传感器端连接器上。

(2)红色T型连接线接B13-1,黑色T型连接线接B13-2。

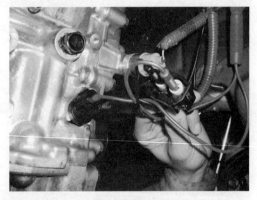

5 B13线束连接器和端子的前视图如下图所示。

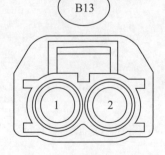

6 连接示波器。

提示：

（1）将接B13-1的红色T型连接线由红色延长线连接到发动机上方，而接B13-2的黑色T型连接线由黑色延长线连接到发动机上方。

（2）正极探针接红色延长线，鳄鱼夹接延长线。

（3）注意：延长线在连接出来时要避免发动机的皮带轮发生摩擦。

7 下图为示波器相应端子示意图。

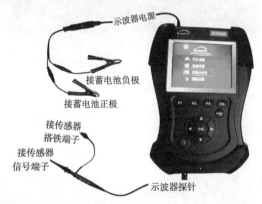

8 连接示波器电源。

9 起动发动机，使发动机保持怠速运转。

提示：

（1）旋转点火开关至ON挡位，稍等片刻仪表盘中的相关指示灯会熄灭。

（2）顺时针旋转点火开关至ST挡位起动发动机。

10 通过KT600解码仪示波器查看波形。

（1）选择"示波分析仪"。

提示：

使用示波器屏幕下方的箭头按钮或专用触摸屏笔选择"示波分析仪"。

（2）选择"传感器"。

（3）选择"曲轴凸轮轴位置传感器"。

(4)查看波形。

提示:

a.如若波形不明显,可以通过下图所示的周期、幅值等进行调整。

b.图示为发动机怠速运转时的曲轴位置传感器波形,但是由于采用的T型连接线无屏蔽线,其他信号会干扰曲轴位置传感器信号,造成发动机无法起动。

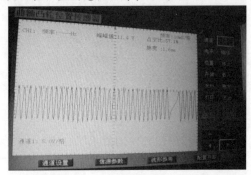

(5)下图所示为发动机起动时曲轴位置传感器的信号。

 波形分析判断。

提示:

在发动机起动时,观察示波器,在大多数情况下,如果传感器或电路有故障,将完全没有信号,在示波器中间零电位上显示的是一条直线。此时应做如下检查:

(1)检测传感器线束、线束连接器。

(2)检查传感器是否损坏及磁电式传感器的空气间隙是否适当,即首先检查检测传感器电阻。

第四步 断开线束、线束连接器(曲轴位置传感器、ECM)

 将点火开关置于LOCK位置。

提示:

(1)将钥匙逆时针旋转关闭点火开关。

(2)在拆装电控系统中各电器元件和传感器连接器时(特别是电感型负载),应关闭点火开关,防止自感电动势损坏电控单元(ECM)。

 断开蓄电池负极。

提示:

(1)使用10mm梅花扳手拧松紧固螺栓。

(2)断开蓄电池负极。

(3)使用时,扳手的另一头不能与蓄电池正极接触,防止短路。

3 确认曲轴位置传感器所在位置。

曲轴位置传感器

4 断开曲轴位置传感器连接器。

提示:

用手指按住锁扣位置断开连接器。

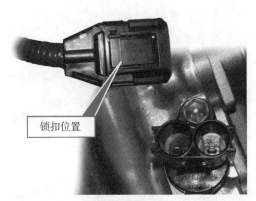

锁扣位置

5 断开ECM连接器。

6 电控单元连接器的摆放位置如下图所示。

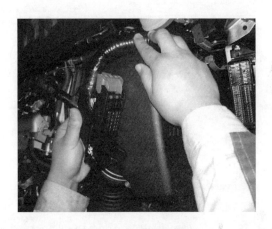

★ 第五步 线束(曲轴位置传感器与ECM之间)断路、短路检测

1 万用表选择电阻挡。

2 测出万用表两表笔导线的电阻值。

提示:

表笔直接接触,显示屏上数值为电阻挡误差值。

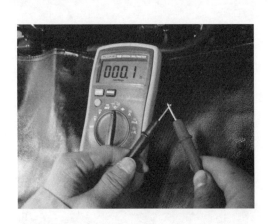

3 将带有扁型插针的测试延长线插入曲轴位置传感器 连接器B13-1(NE+)端子内。

提示:

不允许用数字万用表的测试表笔直接插入连接器端子内,以防止端子损坏。

任务 8 有源传感器的检测举例

4 将带有扁型插针的测试延长线插入ECM连接器 B31-122（NE+）端子内。

不允许用数字万用表的测试表笔直接插入连接器端子内，以防止端子损坏。

5 用万用表的一支表笔连接B13-1（NE+）测试延长线的一端，另一支表笔连接ECM B31-122（NE+）检测探针，进行线束断路检测。

提示：

确认两测量点接触良好，准确无误。

6 检测B13-1、B31-122(NE+)导线的电阻值。

提示：

（1）万用表量程为200Ω以下的挡位。

（2）标准值<1Ω。

（3）实际测量值应减去两表笔导线的电阻值：0.9-0.1=0.8（Ω）。

（4）如测量电阻异常，维修或更换线束或连接器。

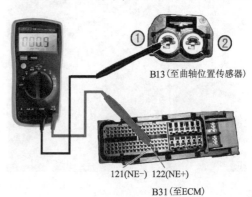

7 检测B13-2、B31-121(NE-)导线的电阻值。

提示：

（1）万用表量程为200Ω以下的挡位。

（2）标准值<1Ω。

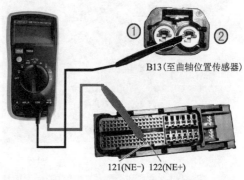

8 短路检测曲轴位置传感器 B13-2（NE-）或 B31-121（NE-）导线与车身搭铁的电阻值。

提示：

（1）万用表量程为20MΩ挡位。

（2）断开各个开关。

（3）标准值为10kΩ或更大。

（4）确认两测量点接触良好，准确无误。

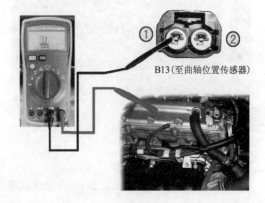

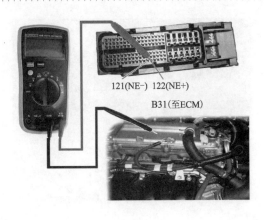

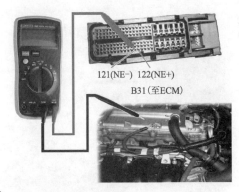

10 重新连接ECM连接器。

9 短路检测曲轴位置传感器 B13-2或B31-121(NE-)导线与车身搭铁的电阻值。

：

（1）万用表量程为20MΩ挡位。
（2）断开各个开关。
（3）标准值为10kΩ或更大。
（4）确认两测量点接触良好，准确无误。

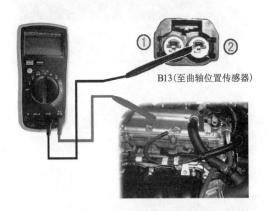

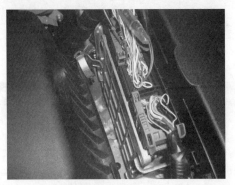

11 ECM安装完成。

▲ 第六步 检测曲轴位置传感器（电阻）

1 确认曲轴位置传感器所在位置。

2 断开曲轴位置传感器连接器。

：

图示为曲轴位置传感器没有线束连接的零部件。

3 曲轴位置传感器的前视图如下图所示。

4 使用万用表检测曲轴位置传感器电阻。

5 根据标准值测量电阻。

提示：

（1）检测条件：环境温度为20℃（68 ℉），规定状态：电阻值1850～2450Ω。

（2）如检测结果异常，则根据维修手册更换曲轴位置传感器。

（3）如检测结果正常，则根据维修手册检测曲轴位置传感器机械故障。

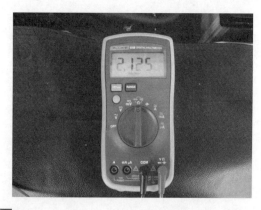

6 重新连接曲轴位置传感器连接器。

八 考核标准

考核标准表

考核时间	序号	考核项目		满分	评分标准	得分
40min	1	清理工位、清点工具		3分	酌情扣分	
	2	前期准备		3分	酌情扣分	
	3	安装翼子板布		3分	操作不当扣3分	
	4	将点火开关置于LOCK位置		1分	操作不当扣1分	
	5	断开蓄电池负极		3分	操作不当扣3分	
	6	断开电控单元ECM连接器		3分	操作不当扣3分	
	7	将ECM连接器放置于合适的位置		3分	操作不当扣3分	
	8	连接T型连接线		2分	操作不当扣2分	
	9	将检测探针插入ECM连接器B31-122（NE+）、B31-121(NE-)端子内		2分	操作不当扣2分	
	10	连接蓄电池负极		2分	操作不当扣2分	
	11	连接示波器电源		2分	操作不当扣2分	
	12	起动发动机，使发动机保持怠速工况		2分	操作不当扣2分	
	13	通过示波器查看波形	选择"示波分析仪"	2分	操作不当扣2分	
			选择"传感器"	2分	操作不当扣2分	
			选择"曲轴凸轮轴位置传感器"	2分	操作不当扣2分	
			查看波形	2分	操作不当扣2分	
	14	波形分析判断		2分	操作不当扣2分	
	15	将点火开关置于LOCK位置		1分	操作不当扣1分	
	16	确认曲轴位置传感器所在位置		1分	操作不当扣1分	

续上表

考核时间	序号	考核项目		满分	评分标准	得 分
40min	17	断开曲轴位置传感器连接器		1分	操作不当扣1分	
	18	连接T型连接线		1分	操作不当扣1分	
	19	连接示波器，正极探针接B13-1，负极搭铁线接B13-2		2分	操作不当扣2分	
	20	连接示波器电源		2分	操作不当扣2分	
	21	起动发动机，使发动机保持怠速工况		2分	操作不当扣2分	
	22	通过示波器查看波形	选择"示波分析仪"	1分	操作不当扣1分	
			选择"传感器"	2分	操作不当扣2分	
			选择"曲轴凸轮轴位置传感器"	2分	操作不当扣2分	
			查看波形	2分	操作不当扣2分	
	23	波形分析判断		1分	操作不当扣1分	
	24	将点火开关置于LOCK位置		1分	操作不当扣1分	
	25	断开蓄电池负极		2分	操作不当扣2分	
	26	确认曲轴位置传感器所在位置		1分	操作不当扣1分	
	27	断开曲轴位置传感器连接器		2分	操作不当扣2分	
	28	断开ECM连接器		2分	操作不当扣2分	
	29	万用表选择电阻挡		2分	操作不当扣2分	
	30	测出万用表两表笔导线的电阻值		2分	操作不当扣2分	
	31	将测试延长线插入曲轴位置传感器连接器B13-1（NE+）端子内		2分	操作不当扣2分	
	32	将测试延长线插入ECM连接器B31-122（NE+）端子内		2分	选取不当扣2分	
	33	用万用表的一枝表笔连接B13-1（NE+）测试延长线的一端，另一表笔连接ECM B31-122（NE+）检测探针，进行线束断路检测		2分	操作不当扣2分	
	34	检查B13-1、B31-122(NE+)导线的电阻值		2分	操作不当扣2分	
	35	检查B13-2、B31-121(NE-)导线的电阻值		2分	操作不当扣2分	
	36	短路检测：曲轴位置传感器B13-2（NE-）或B31-121（NE-）与车身搭铁的电阻值		2分	操作不当扣2分	
	37	短路检测：曲轴位置传感器B13-2或B31-121(NE-)与车身搭铁的电阻值		2分	操作不当扣2分	
	38	断开曲轴位置传感器连接器		2分	操作不当扣2分	
	39	使用万用表检测曲轴位置传感器电阻		2分	操作不当扣2分	
	40	根据标准值测量电阻		2分	操作不当扣2分	
	41	重新连接曲轴位置传感器连接器		2分	操作不当扣2分	
	42	在规定时间完成		3分	操作不当扣3分	
	43	填写工单		3分	操作不当扣3分	
	44	5S工作		3分	操作不当扣3分	
	遵守相关安全规范			因违规操作造成人身和设备事故的，总分按0分计		
	分数合计			100分		

任务9 无源传感器的基本检测

一 任务说明

❶ 无源传感器

采用电阻、电感、电容,以及应变效应、磁阻效应、热阻效应制成的传感器都属于无源传感器。

1)电阻式无源传感器

电阻式传感器种类繁多,应用广泛。其基本原理就是将把位移、力、压力、加速度、转矩等非电物理量的变化转换成电阻值的变化,再经相应的测量电路予以显示,从而记录被测量值的变化情况。它主要包括电阻应变式传感器、电位器式传感器和锰铜压阻传感器等。利用电阻式传感器与相应的测量电路,即可组成测力、测压、称重、测位移、加速度、转矩等测量仪表。

2)电容式无源传感器

电容式无源传感器是把被测的机械量,如位移、压力等转换为电容量变化的传感器。它的敏感部分就是具有可变参数的电容器。其最常见的形式是由两个平行电极组成,电极间以空气为介质的电容器。电容式传感器可分为极距变化型、面积变化型、介质变化型三类。极距变化型一般用来测量微小的线位移或由于力、压力、振动等引起的极距变化(见电容式压力传感器)。面积变化型传感器一般用于测量角位移或较大的线位移;介质变化型传感器常用于物位测量和各种介质的温度、密度、湿度的测定。

3)电感式无源传感器

电感式无源传感器利用线圈的自感或互感的变化,实现非电量电测量的一种传感器。它可以把连续变化的线位移或角位移转化为线圈的自感或互感电动势的连续变化。电感式传感器种类很多,常见的有自感式、互感式和涡流式三种。

❷ 传感器的检测内容

(1)传感器的信号电压(或数据流)。
(2)传感器的电源电压。
(3)传感器线束的导通性(断路或短路)。
(4)传感器的电阻值。
(5)传感器的波形。

传感器的检测方法很多,具体有使用测试灯、万用表、示波器等仪器进行检测。本章所讲述的是以示波器、万用表为主进行检测的方法。

二 技术标准与要求

(1)正确使用万用表进行无源传感器的检测。
(2)正确使用KT600解码仪示波器。

三 实训时间 40min ★★

四 实训教学目标

(1)了解无源传感器的作用、组成。
(2)熟悉无源传感器的基本检测方法。

五 实训器材

KT600

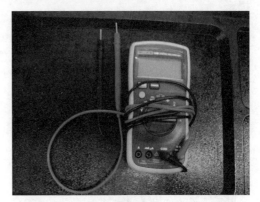

万用表

六 教学组织

1 教学组织形式

每辆车安排4名学生参与实训,一人操作,三人观察学习。4名学生轮流操作一次后换下组学生。

2 实训教师职责

讲解操作步骤和注意事项;下达"操作开始"口令;工位间巡视、检测、指导和纠正错误。

七 操作步骤

端子简介:
1——传感器供电端子;
2——传感器信号端子;
3——传感器搭铁端子;
11、12、13——ECM连接端子;
a-d、b-e、c-f——传感器与ECM之间的连接线。

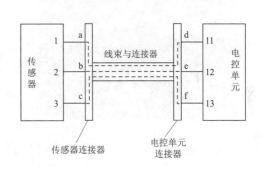

▲ 第一步 前期准备

查看示教板上各类型和规格的传感器。

▲ 第二步 无源传感器供电电压检测

1 万用表选择电阻挡。

2 用万用表测出其两表笔导线的电阻值。

提示：

（1）目的：检测万用表是否可用。

（2）两表笔直接接触，显示屏上显示的数值即为电阻挡误差值。

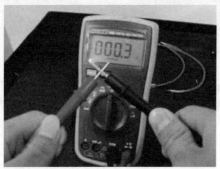

3 将万用表调至直流电压挡。

提示：

一些万用表的量程挡位比较多，使用时应选择直流20V电压挡。

4 检测传感器供电电压（端子a、c之间的电压值）。

提示：

（1）断开1-a、2-b、3-c。

（2）连接d-11、e-12、f-13。

（3）万用表红表笔接端子a，黑表笔接端子c。

（4）传感器供电电压标准值参见维修手册，一般为5V。

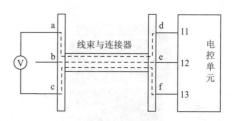

5 检测传感器供电电压（端子a与搭铁点之间的电压值）。

提示：

（1）断开1-a、2-b、3-c。

（2）连接d-11、e-12、f-13。

（3）万用表红表笔接端子a，黑表笔接电源负极。

（4）传感器供电电压标准值参见维修手册，一般为5V。

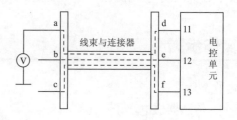

6 结果判断。

提示：

（1）正常：检测有源传感器信号（电控单元端）；

（2）错误：

a.步骤4、5检测均无电压值时，应检测供电端子a之前的线路。

b.步骤4检测时无电压，而步骤5检测时有电压时，应检测搭铁端子c之前的线路。

第三步　检测无源传感器信号（电控单元端）

1 连接示波器。

提示：

（1）使用连接器线连接1-a、2-b、3-c、d-11端子。

（2）使用T型连接线连接e-12、f-13端子。

（3）将T型连接线的另一个接头连接到示波器相应端子。

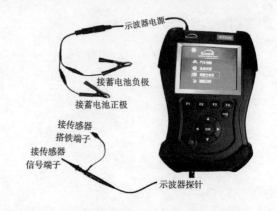

2 使传感器处于工作状态。

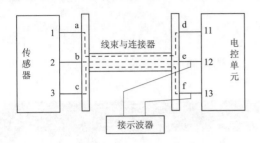

3 通过示波器查看无源传感器波形。

（1）选择"示波分析仪"。

提示：

使用示波器屏幕下方的箭头按钮或专用触摸屏笔选择"示波分析仪"。

（2）选择"通用示波器"。

（3）查看波形。

提示：

下图为卡罗拉空气流量传感器信号波形。

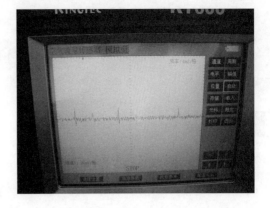

4 波形分析判断。

提示：

（1）查阅维修手册，查看维修手册中所示的标准波形，对所检测的波形进行分析。

（2）波形正常，则根据维修手册所述方法更换电控单元。

（3）波形错误，则检测无源传感器信号（传感器端）。

5 波形分析内容。

热丝式空气流量计是模拟输出电压信号的传感器，当空气流量增大时，输出电压也随之升高。

热丝式空气流量计输出点电压范围是从怠速时超过0.2V升至节气门全开时4V以上，当全减速时输出电压应比怠速时的电压稍微低些。发动机运转时，波形的幅值看上去是不断跳动的，这是正常的。由于热丝式空气流量计中没有任何机械运动部件，所以它的测量值不会受到运动部件惯性因素的影响，因此它能快速地对空气流量的变化作出反应。

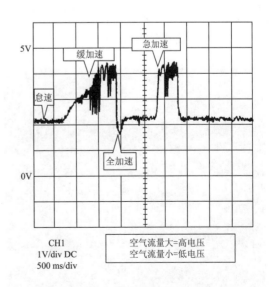

第四步 检测无源传感器信号（传感器端）

1 连接示波器。

提示：

（1）使用连接器线连接1-a、d-11、e-12、f-13端子。

（2）使用T型连接线一个接头连接2-b、3-c端子。

（3）将T型连接线的另一个接头连接到示波器相应端子。

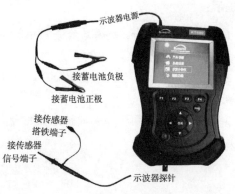

2 使传感器处于工作状态。

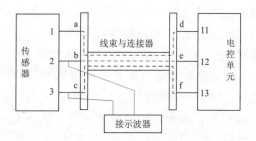

3 通过示波器查看无源传感器波形。

（1）选择示波器分析仪。

（2）选择通用示波器。

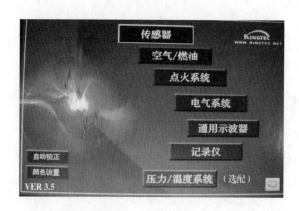

（3）查看波形。

提示：

如右图所示为卡罗拉空气流量传感器信号波形。

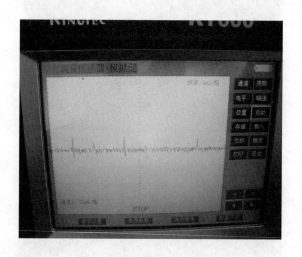

4 波形分析判断。

提示：

（1）波形分析内容同第三步。

（2）波形正常，检测传感器线束、线束连接器。

（3）波形错误，根据维修手册所述方法更换无源传感器电阻。

第五步 线束断路、短路检测

1 万用表选择电阻挡。

2 用万用表测出其两表笔导线的电阻值。

提示:

（1）目的：检测万用表是否可用。

（2）两表笔直接接触，显示屏上显示的数值为万用表电阻挡的误差值。

3 检测a、d导线是否断路。

提示:

标准值<1Ω。

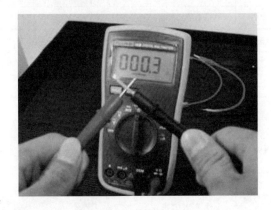

4 检测b、e导线是否断路。

提示:

标准值<1Ω。

5 检测c、f导线是否短路。

提示:

标准值<1Ω。

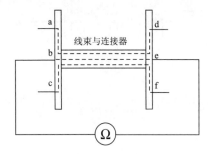

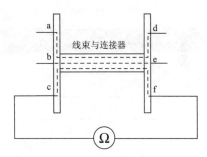

6 检测ad与be导线是否短路。

提示:

（1）万用表量程选择为20MΩ挡位。

（2）断开各个开关。

（3）标准值为10kΩ或更大。

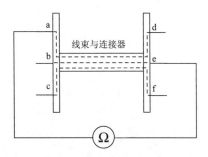

7 检测ad与cf导线的是否断路。

提示:

（1）万用表量程选择为20MΩ挡位。

（2）断开各个开关。

（3）标准值为10kΩ或更大。

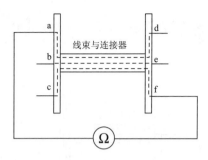

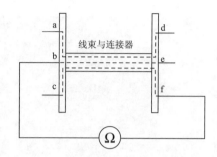

（2）断开各个开关。

（3）标准值为10kΩ或更大。

 检测be与cf导线是否短路。

提示：

（1）万用表量程选择为20MΩ挡位。

八 考核标准

考核标准表

考核时间	序号	考核项目		满分	评分标准	得 分
40min	1	清理工位、清点工具		4分	酌情扣分	
	2	前期准备		4分	酌情扣分	
	3	万用表电阻挡		3分	操作不当扣3分	
	4	测出万用表两表笔导线的电阻值		3分	操作不当扣3分	
	5	万用表调至电压挡		3分	选取不当扣3分	
	6	检测传感器供电电压（端子a、c之间的电压值）		3分	操作不当扣3分	
	7	检测传感器供电电压（端子a与搭铁点之间的电压值）		3分	操作不当扣3分	
	8	结果判断		3分	操作不当扣3分	
	9	连接示波器		3分	操作不当扣3分	
	10	使传感器处于工作状态		3分	操作不当扣3分	
	11	通过示波器查看无源传感器波形	选择"示波分析仪"	3分	操作不当扣3分	
			选择"通用示波器"	3分	操作不当扣3分	
			查看波形	3分	操作不当扣3分	
	12	波形分析判断		4分	操作不当扣4分	
	13	连接示波器		3分	操作不当扣3分	
	14	使传感器处于工作状态		3分	操作不当扣3分	
	15	通过示波器查看无源传感器波形	选择"示波分析仪"	3分	操作不当扣3分	
			选择"通用示波器"	3分	操作不当扣3分	
			查看波形	3分	操作不当扣3分	
	16	波形分析判断		4分	操作不当扣4分	
	17	万用表电阻挡		3分	操作不当扣3分	
	18	测出万用表两表笔导线的电阻值		3分	操作不当扣3分	
	19	断路检测：检测a、d导线的电阻值		3分	检测不当扣3分	
	20	断路检测：检测b、e导线的电阻值		3分	操作不当扣3分	
	21	断路检测：检测c、f导线的电阻值		3分	操作不当扣3分	

续上表

考核时间	序号	考核项目	满分	评分标准	得分
40min	22	短路检测：检测 a、e 导线的电阻值	3分	操作不当扣3分	
	23	短路检测：检测 a、f 导线的电阻值	3分	操作不当扣3分	
	24	短路检测：检测 b、f 导线的电阻值	3分	操作不当扣3分	
	25	在规定时间完成	4分	酌情扣分	
	26	填写工单	4分	酌情扣分	
	27	5S 工作	4分	酌情扣分	
遵守相关安全规范				因违规操作造成人身和设备事故的，总分按0分计	
分数合计			100分		

任务10 无源传感器的检测举例

一 任务说明

热丝式与热膜式空气流量传感器是一种借鉴日常生活中使用的电吹风机的工作原理而开发研制的检测吸入发动机空气的质量流量传感器。热丝式空气流量传感器的发热元件是铂金属丝,热膜式空气流量传感器的发热元件是铂金属膜,铂金属发热元件的响应速度很快,能在几毫秒内反映出空气流量的变化,因此测量精度不受进气气流脉动的影响(气流脉动在发动机大负荷、低转速运转时最为明显)。此外该传感器还具有进气阻力小、部件无磨损等优点,因此目前大多数中高档轿车都采用了这种传感器。

卡罗拉(COROLLA)1ZR-FE发动机使用的空气流量计是一个传感器,用于测量流经节气门的空气流量。ECM根据该传感器提供的信息确定燃油喷射时间并提供相应的空燃比。该传感器内部有一个暴露于进气流中的加热铂丝。ECM向铂丝施加一个特定的电流,已将其加热到给定的温度。进气流冷却铂丝和内部热敏电阻,从而影响它们的电阻值。ECM改变施加于质量空气流量计中的这些零部件的电压来保持电流值恒定。电压大小与通过传感器的空气流量成比例,ECM则利用它来计算进气体积。

在该电路的结构中,铂热丝和温度传感器构建一个桥接电路,并且控制功率晶体管,使得A和B的电压保持相等,以维持预定的温度。

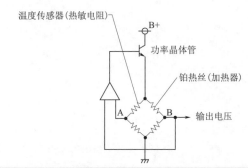

温度传感器的电路结构

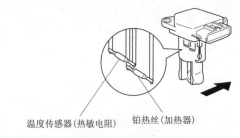

温度传感器的外形结构

二 技术标准与要求

(1)1ZR-FE发动机使用的空气流量传感器为热丝式空气流量计。

(2)电路图及标准数据。

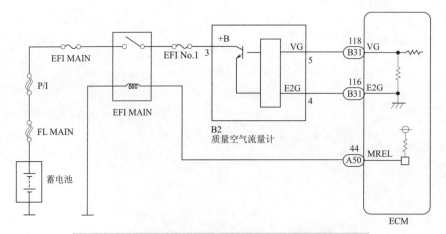

1ZR-FE发动机使用的空气流量传感器电路图

标 准 数 据

检测仪连接	条 件	规 定 状 态
5(VG) ~ 4(E_2G)	向端子+B和E_2G之间施加蓄电池电压	0.2至4.9V
B2-5(VG) ~ B31-118(VG)	始终	小于1Ω
B2-4(E_2G) ~ B31-116(E_2G)	始终	小于1Ω
B2-4(E_2G) ~ 车身搭铁	始终	小于1Ω
B2-5(VG)或B31-118(VG) ~ 车身搭铁	始终	10kΩ或更大
B2-4(E_2G)或B31-116(E_2G) ~ 车身搭铁	始终	10kΩ或更大

三 实训时间 40min

四 实训教学目标

（1）了解空气流量计的作用、组成。
（2）熟悉空气流量计的基本检测方法。

五 实训器材

KT600

万用表

卡罗拉（COROLLA）整车一辆

六 教学组织

1 教学组织形式

每辆车安排4名学生参与实训，1人操作，3人观察学习。4名学生轮流操作一次后换下组学生。

2 实训教师职责

讲解操作步骤和注意事项；下达"操作开始"口令；工位间巡视、检测、指导和纠正错误。

七 操作步骤

▲ 第一步 前期准备

1 准备工具：万用表、T型线、示波器（KT600诊断仪）等。

2 安装翼子板布。

第二步 检测质量空气流量计（电源电压）

1 将点火开关置于LOCK位置。

2 确认质量空气流量计所在位置。

3 用手指按住锁扣处，断开质量空气流量计连接器。

4 断开质量空气流量计。

5 将点火开关置于ON位置。

6 万用表选择电阻挡。

7 测出万用表两表笔导线的电阻值。

 提示：

表笔直接接触，显示屏上显示的数值即为电阻挡误差值。

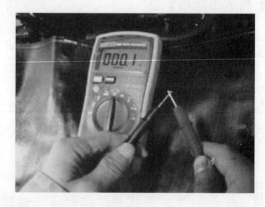

8 万用表选择电压挡。

 提示：

（1）将万用表的黑表笔插入"COM"插口，红表笔插入"VΩ"插口。

（2）将万用表选择为测量电压挡，量程为20V。

9 B2线束连接器和端子的前视图如下图所示。

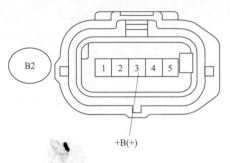

10 对照标准值测量电压值。

提示：

（1）万用表量程为20V。

（2）万用表：红表笔接端子接B2-3（+B），黑表笔接端子接B2-4(E2G)。

（3）点火开关置于ON位置。

（4）标准值：9～14V。

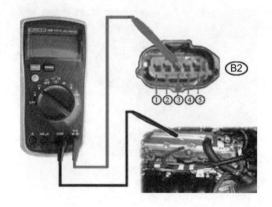

11 重新连接质量空气流量计连接器。

提示：

（1）异常：检测熔断器（EFI No.1）。

（2）正常：检测质量空气流量计（VG电压——信号电压）。

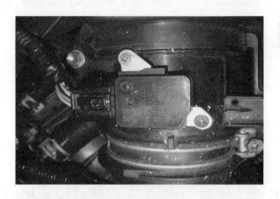

第三步　检测无源传感器信号（电控单元端）

1 关闭点火开关。

提示：

将点火开关置于LOCK位置。

2 断开蓄电池负极。

提示：

（1）使用10mm梅花扳手拧松紧固螺栓。

（2）断开蓄电池负极。

3 断开电控单元（ECM）连接器。

提示：

如下图所示，断开电控单元连接器。

4 下图所示为电控单元ECM连接器已摆放到位。

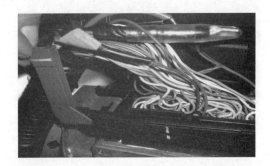

5 下图所示为电控单元连接器的摆放位置。

6 连接T型连接线。

提示：

（1）将T型连接线串联在电控单元端连接器上。

（2）下图为示意图，市场上无本车ECM的T型连接器。

（3）大多数车型的连接器可使用大头针将其后面插破，但是如果ECM连接器后面线束带有防水套则需制作T型连接器进行检测。

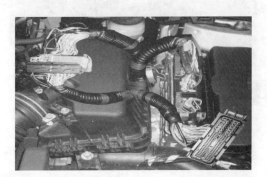

7 连接示波器。

提示：

将T型连接线的另一个接头连接到示波器相应端子上。

8 下图所示为示波器相应端子示意图。

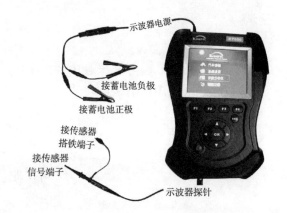

9 下图所示为示波器探针连接点。

提示：

（1）探针接B31-118(VG+)，搭铁线接B31-116(E2G)。

（2）下图为示意图，市场上无本车ECM的T型连接器。

10 连接蓄电池负极。

11 连接示波器电源。

提示：

（1）黑鳄鱼夹接蓄电池负极。
（2）红鳄鱼夹接蓄电池正极。
（3）下图所示为示波器电源与蓄电池的连接形式。

12 起动发动机，使发动机保持怠速运转。

13 通过使用KT600解码仪示波器察看波形。
（1）选择"示波分析仪"。

（2）选择"空气/燃油"。

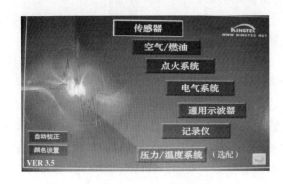

（3）选择"空气流量传感器数字型"。

（4）查看波形。
若波形不明显，可以通过右边显示的周期、幅值等进行调整。

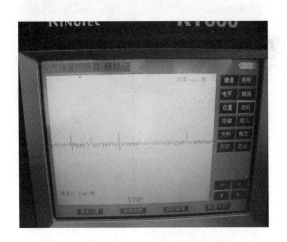

14 波形分析判断。

提示：

查阅维修手册所示的标准波形（技术标准与要求），与所测波形进行比较。

若波形正常，则根据维修手册所述的方法更换电控单元ECM；若波形错误，则检测空气流量计波形（传感器端）。

15 波形分析内容。

热丝式空气流量计是模拟输出电压信号的传感器，当空气流量增大时，输出电压也随之升高。

热丝式空气流量计输出点电压范围是从怠速时超过0.2V升至节气门全开时4V以上，当全减速时输出电压应比怠速时的电压稍微低些。发动机运转时，波形的幅值看上去是不断跳动的，这是正常的。由于热丝式空气流量计中没有任何机械运动部件，所以它的测量值不会受到运动部件惯性因素的影响，因此它能快速地对空气流量的变化做出反应。

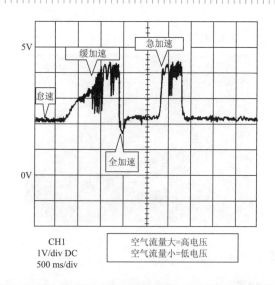

第四步 检测空气流量计波形（传感器端）

1 将点火开关置于LOCK位置。

2 确认质量空气流量计所在位置。

3 断开质量空气流量计连接器。

4 连接T型连接线。

5 连接示波器。

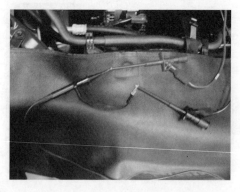

6 下图所示为示波器相应端子示意图。

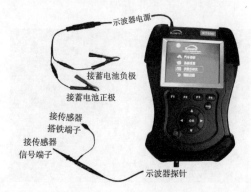

7 起动发动机。

8 通过使用KT600解码仪示波器察看波形。
(1) 选择"示波分析仪"。

(2) 选择"空气/燃油"。

(3) 选择"空气流量传感器数字型"。

(4) 查看波形。
如若波形不明显,可以通过下图所示的周期、幅值等进行调整。

9 波形分析判断。

提示:
(1) 波形分析内容如第四步。
(2) 若波形正常,则转入第五步,检测传感器线束、线束连接器。
(3) 若波形错误,则根据维修手册所述的方法更换空气流量计。

★ 第五步 断开线束和连接器(质量空气流量计、ECM)

1 将点火开关置于LOCK位置。

提示:
(1) 将钥匙逆时针旋转,关闭点火开关。
(2) 在拆装电控系统中的电子元件和传感器连接器时(特别是电感型负载),应关闭点火开关,防止自感电动势损坏电控单元(ECM)。

断开蓄电池负极。

提示：

（1）使用10mm梅花扳手拧松紧固螺栓。

（2）断开蓄电池负极。

（3）使用扳手时，扳手的另一头不能与蓄电池正极接触，防止短路。

 确认质量空气流量计所在位置。

 断开质量空气流量计连接器。

 断开ECM连接器。

提示：

按下图所示的方法断开电控单元连接器。

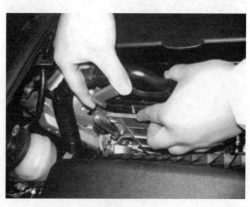

 电控单元连接器的摆放位置如下图所示。

🌲 第六步　线束断路、短路检测（空气流量传感器与ECM之间）

 万用表选择电阻挡。

2 测出万用表两表笔导线的电阻值。

提示：

表笔直接接触，显示屏上显示的数值即为电阻挡误差值。

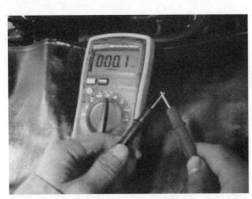

3 断路检测：检测B2-5(VG)、B31-118(VG)导线的电阻值，如下图所示。

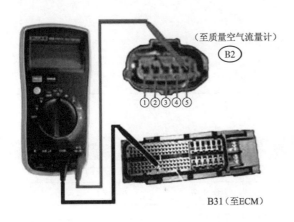

4 实际检测B2-5(VG)、B31-118(VG)导线之间的电阻值，如下图所示。

提示：

（1）万用表量程选择200Ω以下的挡位。

（2）标准值<1Ω。

（3）检测数值：0.4-0.1=0.3（Ω）。

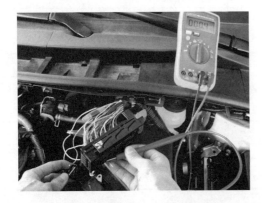

5 断路检测：检测B2-4(E_2G)、B31-116(E_2G)导线之间的电阻值。

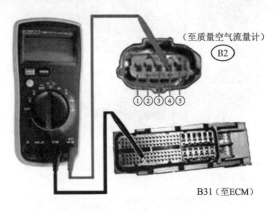

6 断路检测：检测B2-4(E_2G)与车身搭铁之间的电阻值。

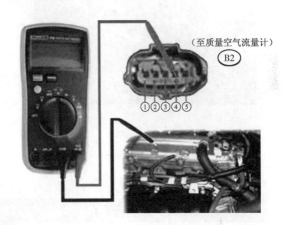

7 短路检测：检测B2-4(E_2G)或B31-118(VG)与车身搭铁之间的电阻值。

提示：

（1）万用表量程选择20MΩ挡位。

（2）断开各个开关。

（3）标准值为10kΩ或更大。

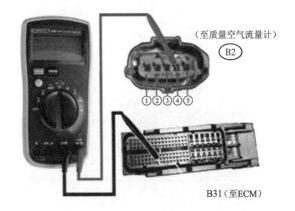

8 短路检测：检测B2-5(VG)或B31-116(E_2G)与车身搭铁之间的电阻值。

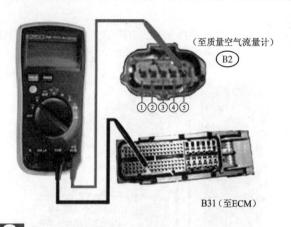
（至质量空气流量计）B2
B31（至ECM）

10 重新连接ECM连接器。

11 若检测结果异常，则维修或更换线束或连接器（空气质量流量计-ECM）。

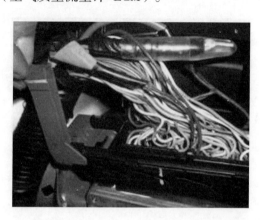

9 重新连接质量空气流量计连接器。

八 考核标准

考 核 标 准 表

考核时间	序号	考核项目	满分	评分标准	得 分
40min	1	清理工位、清点工具	3分	酌情扣分	
	2	前期准备	3分	酌情扣分	
	3	安装翼子板布	3分	酌情扣分	
	4	将点火开关置于LOCK位置	1分	操作不当扣1分	
	5	确认质量空气流量计所在位置	1分	操作不当扣1分	
	6	断开质量空气流量计连接器	2分	操作不当扣2分	
	7	将点火开关置于ON位置	1分	操作不当扣1分	
	8	万用表选择电阻挡	1分	操作不当扣1分	
	9	测出万用表两表笔导线的电阻值	2分	操作不当扣2分	
	10	万用表电压挡	1分	操作不当扣1分	
	11	根据标准值测量电压值	2分	操作不当扣2分	
	12	根据标准值测量电压值	2分	操作不当扣2分	
	13	重新连接质量空气流量计连接器	2分	操作不当扣2分	
	14	检查点火开关是否关闭	2分	操作不当扣2分	
	15	断开蓄电池负极	2分	操作不当扣2分	
	16	断开电控单元ECM连接器	2分	操作不当扣2分	
	17	连接T型连接线	2分	操作不当扣2分	
	18	连接示波器	2分	操作不当扣2分	
	19	连接蓄电池负极	2分	操作不当扣2分	

续上表

考核时间	序号	考核项目		满分	评分标准	得分
40min	20	连接示波器电源		2分	操作不当扣2分	
	21	起动发动机，使发动机保持怠速工况		2分	操作不当扣2分	
	22	通过示波器查看波形	选择"示波分析仪"	1分	操作不当扣1分	
			选择"空气/燃油"	1分	操作不当扣1分	
			选择"空气流量传感器数字型"	1分	操作不当扣1分	
			查看波形	2分	操作不当扣2分	
	23	波形分析判断		2分	操作不当扣2分	
	24	将点火开关置于LOCK位置		1分	操作不当扣1分	
	25	确认质量空气流量计所在位置		1分	操作不当扣1分	
	26	断开质量空气流量计连接器		2分	操作不当扣2分	
	27	连接T型连接线		2分	操作不当扣2分	
	28	连接示波器		2分	操作不当扣2分	
	29	起动发动机		2分	操作不当扣2分	
	30	通过示波器查看波形	选择"示波分析仪"	1分	操作不当扣1分	
			选择"传感器"	1分	操作不当扣1分	
			选择"曲轴凸轮轴位置传感器"	1分	操作不当扣1分	
			查看波形	2分	操作不当扣2分	
	31	波形分析判断		2分	操作不当扣2分	
	32	将点火开关置于LOCK位置		1分	操作不当扣1分	
	33	确认质量空气流量计所在位置		1分	操作不当扣1分	
	34	断开质量空气流量计连接器		2分	操作不当扣2分	
	35	断开ECM连接器		2分	选取不当扣2分	
	36	万用表选择电阻挡		2分	操作不当扣2分	
	37	测出万用表两表笔导线的电阻值		2分	操作不当扣2分	
	38	断路检测：B2-5(VG)、B31-118(VG)导线之间的电阻值		2分	操作不当扣2分	
	39	断路检测：B2-4(E_2G)、B31-116(E_2G)导线之间的电阻值		2分	操作不当扣2分	
	40	断路检测：B2-4(E_2G)与车身搭铁之间的电阻值		2分	操作不当扣2分	
	41	断路检测：检测B2-4(E_2G)或B31-118(VG)与车身搭铁之间的电阻值		2分	操作不当扣2分	
	42	断路检测：检测B2-5(VG)或B31-116(E_2G)与车身搭铁之间的电阻值		2分	操作不当扣2分	
	43	重新连接ECM连接器		2分	操作不当扣2分	
	44	重新连接质量空气流量计连接器		2分	操作不当扣2分	
	45	操作中实训指导书的使用		3分	酌情扣分	
	46	在规定时间完成		3分	酌情扣分	
	47	填写工单		3分	酌情扣分	
	48	5S工作		3分	酌情扣分	
		遵守相关安全规范			因违规操作造成人身和设备事故的，总分按0分计	
		分数合计		100分		

任务11 汽车执行元件的基本检测

一 任务说明

执行元件又称为执行器,是电子控制系统的执行机构。汽车电子控制系统执行器具有根据电子控制单元指令,完成具体操作动作的功能。

发动机电控系统中采用的执行元件有:电动燃油泵、电磁喷油器、点火线圈、怠速控制阀或怠速控制电动机以及活性炭罐电磁阀等。

二 技术标准与要求

(1)正确使用万用表对执行元件检测。
(2)掌握执行元件的普遍特性。

三 实训时间 40min ★★

四 实训教学目标

(1)了解执行元件的作用、组成。
(2)熟悉执行元件的基本检测方法。

五 实训器材

万用表

卡罗拉(COROLLA)整车一辆

六 教学组织

1 教学组织形式

每辆车安排4名学生参与实训,一人操作,三人观察学习。4名学生轮流操作一次后换下组学生。

2 实训教师职责

讲解操作步骤和注意事项;下达"操作开始"口令;工位间巡视、检测、指导和纠正错误。

七 操作步骤

▲ 第一步 前期准备

查看示教版上各类型和规格的元器件。

▲ 第二步 检测执行元件两端（2、3端子）电压

 万用表调至电阻挡。

提示：

（1）将万用表的黑表笔插入"COM"插口，红表笔插入"VΩ"插口。

（2）将万用表的量程选择测量电阻挡。

 测出万用表两表笔导线的电阻值。

提示：

两表笔直接接触，显示屏上显示的数值即为电阻挡误差值。

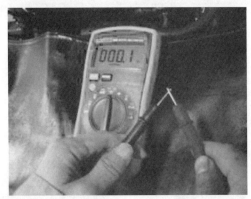

 万用表调至直流电压挡位。

提示：

蓄电池电压为11~14V。其他万用表采用直流20V电压挡位。

 检测2、3端子之间的电压值（红表笔接端子2，黑表笔接端子3）。

提示：

（1）万用表量程为20V挡。

（2）部分执行器由于是通过三极管或电控单元控制其负极工作的，所以在这一步当发动机不工作时，不能测量出其电压值。

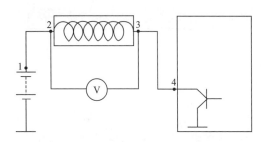

 判断故障。

提示：

根据维修手册提供的标准数据进行判断：若电压值正常，则检测执行元件的电阻值；若电压值错误，则检测执行元件的电压（2端子与搭铁之间）。

🌲 第三步 检测执行元件的电阻值

1 万用表电阻挡。

:

（1）将万用表的黑表笔插入"COM"插口，红表笔插入"VΩ"插口。

（2）将万用表的量程选择测量电阻挡。

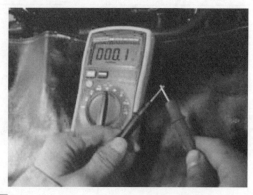

3 检测端子2与端子3之间的电阻值。

2 测出万用表两表笔导线的电阻值。

:

两表笔直接接触，显示屏上显示的数值即为电阻挡的误差值。

4 判断故障。

提示:

（1）标准电阻值参照维修手册。

（2）若电阻值错误：根据维修手册维修或更换传感器。

🌲 第四步 检测执行元件电压（2端子与搭铁）

1 万用表选择电阻挡。

:

两表笔直接接触，显示屏上显示的数值即为电阻挡的误差值。

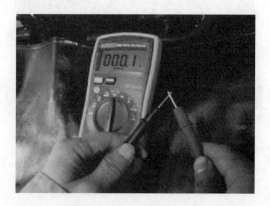

2 测出万用表两表笔导线的电阻值。

3 万用表调至直流电压挡位。

提示：

蓄电池电压为11~14V。其他万用表采用直流20V电压挡位。

4 检测执行元件电压（2端子与搭铁之间）。

提示：

（1）万用表：红表笔接端子2，黑表笔搭铁。

（2）万用表量程为20V挡。

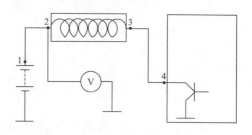

5 判断故障。

提示：

根据维修手册提供的标准数据进行判断：若电压值正常，则检测执行元件两端（1、4端子之间）的电压；若电压值错误，则检测执行元件两端（1、3端子之间）的电压。

🌲 第五步　检测执行元件两端（1、3端子）电压

1 万用表选择电阻挡。

2 测出万用表两表笔导线的电阻值。

提示：

两表笔直接接触，显示屏上显示的数值即为电阻挡的误差值。

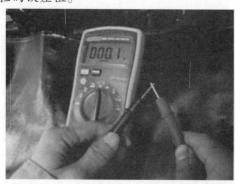

3 万用表调至直流电压挡位。

提示：

蓄电池电压为11~14V。其他万用表采用直流20V电压挡位。

4 检测执行元件电压（1、3端子之间）。

提示：

（1）万用表：红表笔接端子1，黑表笔接端子3。

（2）万用表量程为20V挡。

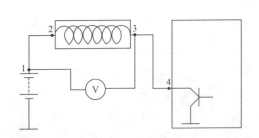

5 判断故障。

> 提示：
>
> 根据维修手册提供的标准数据进行判断：若电压值正常，则检测线束和连接器；若电压值错误，则转入检测执行元件两端（1、4端子之间）的电压。

🌲 第六步 检测执行元件两端（1、4端子）电压

1 万用表选择电阻挡。

2 测出万用表两表笔导线的电阻值。

> 提示：
>
> 两表笔直接接触，显示屏上显示的数值即为电阻挡的误差值。

4 检测执行元件电压（1、4端子之间）。

> 提示：
>
> （1）万用表：红表笔接端子1，黑表笔接端子4。
>
> （2）万用表量程为20V挡。

5 判断故障。

> 提示：
>
> 根据维修手册提供的标准数据进行判断：若电压值正常，则检测线束和连接器；若电压值错误，则转入第更换电控单元。

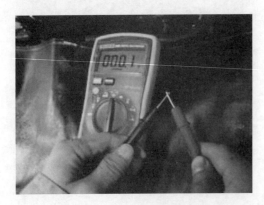

3 万用表调至直流电压挡位。

> 提示：
>
> 蓄电池电压为11～14V。其他万用表采用直流20V电压挡位。

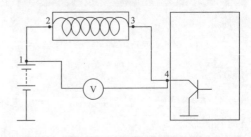

第七步　检测线束和连接器

1 万用表选择电阻挡。

2 测出万用表两表笔导线的电阻值。

提示：

两表笔直接接触，显示屏上显示的数值即为电阻挡的误差值。

3 线束断路检测：1、2导线之间的电阻值。

提示：

（1）万用表量程为200Ω挡位。
（2）断开各个开关。
（3）标准值<1Ω。

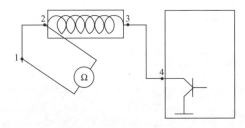

4 线束断路检测（检测3、4导线之间的电阻值）。

提示：

（1）万用表量程为200Ω挡位。
（2）断开各个开关。
（3）标准值<1Ω。

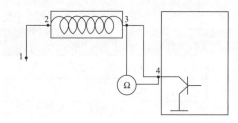

5 线束短路检测（检测端子2或端子1与车身搭铁之间的电阻值）。

提示：

（1）万用表量程为20MΩ挡位。
（2）断开各个开关。
（3）标准值为10kΩ或更大。

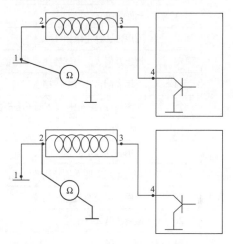

6 线束短路检测（检测端子3或端子4与车身搭铁之间的电阻值）。

提示：

（1）万用表量程为20MΩ挡位。
（2）断开各个开关。
（3）标准值为10kΩ或更大。

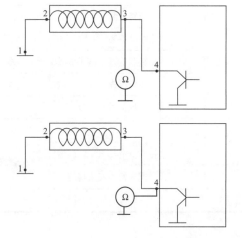

八 考核标准

考 核 标 准 表

考核时间	序号	考核项目	满分	评分标准	得 分
40min	1	清理工位、清点工具	5分	酌情扣分	
	2	前期准备	5分	酌情扣分	
	3	万用表电阻挡	2分	操作不当扣2分	
	4	测出万用表两表笔导线的电阻值	2分	操作不当扣2分	
	5	万用表调至直流电压挡位	2分	操作不当扣2分	
	6	检测执行元件两端（2、3端子之间的）电压	3分	操作不当扣3分	
	7	判断故障	3分	操作不当扣3分	
	8	万用表电阻挡	2分	操作不当扣2分	
	9	测出万用表两表笔导线的电阻值	2分	操作不当扣2分	
	10	检查端子2与端子3之间的电阻值	3分	操作不当扣3分	
	11	判断故障	3分	操作不当扣3分	
	12	万用表选择电阻挡	2分	操作不当扣2分	
	13	测出万用表两表笔导线的电阻值	2分	操作不当扣2分	
	14	万用表调至直流电压挡位	2分	操作不当扣2分	
	15	检测执行元件电压（2端子与搭铁之间）	3分	操作不当扣3分	
	16	判断故障	3分	操作不当扣3分	
	17	万用表选择电阻挡	2分	操作不当扣2分	
	18	测出万用表两表笔导线的电阻值	2分	操作不当扣2分	
	19	万用表调至直流电压挡位	2分	操作不当扣2分	
	20	检测执行元件电压（1、3端子之间）	3分	操作不当扣3分	
	21	判断故障	3分	操作不当扣3分	
	22	万用表选择电阻挡	2分	操作不当扣2分	
	23	测出万用表两表笔导线的电阻值	2分	操作不当扣2分	
	24	万用表调至直流电压挡位	2分	操作不当扣2分	
	25	检测执行元件电压（1、4端子之间）	3分	操作不当扣3分	
	26	判断故障	3分	操作不当扣3分	
	27	万用表选择电阻挡	2分	操作不当扣2分	
	28	测出万用表两表笔导线的电阻值	2分	操作不当扣2分	
	29	断路检测：1、2导线之间的电阻值	3分	操作不当扣3分	
	30	断路检测：3、4导线之间的电阻值	3分	操作不当扣3分	
	31	短路检查：端子2或端子1与车身搭铁之间的电阻值	3分	操作不当扣3分	
	32	短路检查：端子3或端子4与车身搭铁之间的电阻值	3分	操作不当扣3分	
	33	在规定时间完成	5分	酌情扣分	
	34	填写工单	5分	酌情扣分	
	35	5S工作	6分	酌情扣分	
		遵守相关安全规范		因违规操作造成人身和设备事故的，总分按0分计	
		分数合计	100分		

任务 12 汽车执行元件的检测举例

一 任务说明

电磁喷油器简称喷油器，俗称喷嘴，其功用计量燃油喷射系统的喷油量。

按喷油器的总体结构不同，喷油器可分为袖珍式、球阀式和片阀式三种。目前，主要采用球阀式喷油器；按喷油器电磁线圈阻值大小，喷油器可分为高阻型（13~18Ω）和低阻型（1~3Ω）两种。

电磁喷油器的工作原理：

当喷油器的电磁线圈接通电流时，线圈中就会产生电磁吸力吸引针阀阀体。当电磁吸力大于复位弹簧的弹力时，阀体使弹簧压缩而上升（上升行程很小，一般为0.1~0.2mm）。阀体上升时，针阀（球阀或片阀）随阀体一同上升，针阀（球阀或片阀）离开阀座时，阀门被打开，燃油便从喷孔喷出，喷出燃油的形状为小于35°的圆锥雾状。由于燃油压力较高，因此喷出的燃油为雾状燃油。

当喷油器的电磁线圈电流被切断时，电磁吸力消失，阀体在复位弹簧的弹力作用下复位，针阀（球阀或片阀）回落到阀座上将阀门关闭，喷油停止。

燃油喷射式发动机大多为16气门发动机、20气门发动机或24气门发动机，即每个汽缸有4个或5个气门，其中进气门2个或3个，排气门2个。喷油器阀座上设置有2个或4个喷孔，从喷孔喷出的燃油喷束被喷射在进气门前方，并与空气混合形成雾化良好的可燃混合气。

二 技术标准与要求

电路图下图所示。

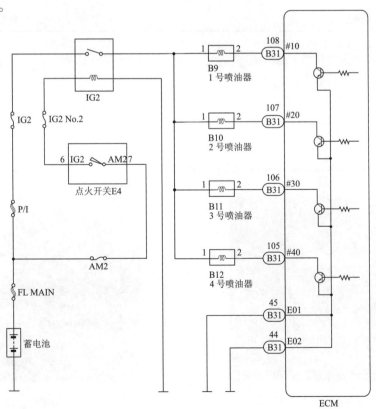

标准值如下表所示。

检测仪连接	条 件	规 定 状 态
B9-1~车身搭铁	点火开关置于ON位置	9至14V
B10-1~车身搭铁	点火开关置于ON位置	9至14V
B11-1~车身搭铁	点火开关置于ON位置	9至14V
B12-1~车身搭铁	点火开关置于ON位置	9至14V
B9-2~B31-108（#10）	始终	小于1Ω
B10-2~B31-107（#20）	始终	小于1Ω
B11-2~B31-106（#30）	始终	小于1Ω
B12-2~B31-105（#40）	始终	小于1Ω
B9-2 或 B31-108（#10）~车身搭铁	始终	10kΩ或更大
B10-2 或 B31-107（#20）~车身搭铁	始终	10kΩ或更大
B11-2 或 B31-106（#30）~车身搭铁	始终	10kΩ或更大
B12-2 或 B31-105（#40）~车身搭铁	始终	10kΩ或更大

三 实训时间 40min ★★

四 实训教学目标

（1）了解空气流量计的作用、组成。
（2）熟悉空气流量计的基本检测方法。

五 实训器材

万用表

卡罗拉整车一辆

六 教学组织

1 教学组织形式

每辆车安排4名学生参与实训，1人操作，3人观察学习。4名学生轮流操作一次后换下组学生。

2 实训教师职责

讲解操作步骤和注意事项；下达"操作开始"口令；工位间巡视、检测、指导和纠正错误。

七 操作步骤

▲ 第一步 前期准备

1 准备万用表。

2 检测点火开关是否关闭。

▲ 第二步 检测喷油器总成（电源）

1 确认喷油器总成所在位置。

以1缸喷油器为例，喷油器位置如下图所示。

2 断开喷油器总成连接器。

提示：

用手指按住锁扣位置断开连接器。

3 借用大头针，将大头针插入一缸喷油器连接器 B9-1、B9-2 端子内。

提示：

不允许用数字万用表的测试表笔直接插入连接器端子内，以防止端子损坏。

4 万用表选择电阻挡。

 测出万用表两表笔导线的电阻值。

提示：

（1）两表笔直接接触，显示屏上显示的数值即为电阻挡的误差值。

（2）主要目的是检测万用表是否可用。

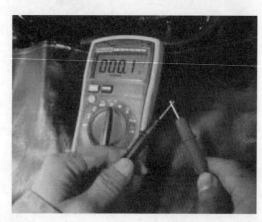

 万用表调至直流20V电压挡位。

提示：

蓄电池电压为11～14V。

7 将点火开关置于ON位置。

8 检测电压B9-1与车身搭铁之间的电压值。

提示：

（1）红表笔接一缸喷油器端子B9-1，黑表笔接车身搭铁，检测电压值。

（2）万用表量程为20V挡位。

（3）标准值9～14V。

B9（至喷油器总成）

9 实际测量值为11.7V。

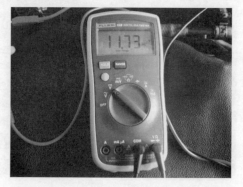

10 关闭点火开关置于LOCK位置。

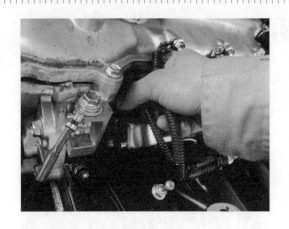

12 故障判断。

> **提示：**
> 根据维修手册提供的标准数据进行判断：若异常，检测线束和连接器；若正常，检测喷油器总成。

11 重新连接喷油器总成连接器。

♣ 第三步　检测喷油器总成

1 关闭点火开关。

2 确认喷油器总成所在位置。

3 下图所示为1缸喷油器连接状态。

4 断开喷油器总成连接器。

任务 12　汽车执行元件的检测举例

5 万用表选择电阻挡。

6 测出万用表两表笔导线的电阻值。

提示：

两表笔直接接触，显示屏上显示的数值即为电阻挡的误差值。

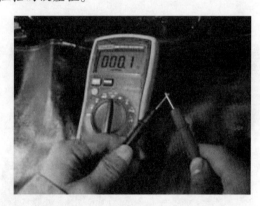

7 检测喷油器总成端子间的电阻值。

提示：

（1）异常：更换喷油器总成。

（2）标准值：在20℃（68℉）时，喷油器电阻值为11.6~12.4Ω。

8 关闭点火开关置于LOCK位置。

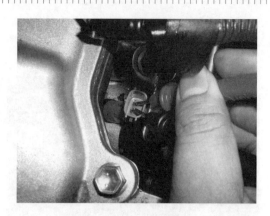

9 重新连接喷油器总成连接器。

第四步　检测线束和连接器（喷油器总成—ECM）

1 将点火开关置于LOCK位置。

2 断开蓄电池负极。

提示：

（1）使用10mm梅花扳手拧松紧固螺栓。

（2）断开蓄电池负极。

（3）使用扳手时，扳手的另一端不能与蓄电池正极接触，防止短路。

6 下图为连接器拔下之后的摆放位置。

3 确认喷油器总成所在位置。

7 万用表选择电阻挡。

4 断开喷油器总成连接器。

8 测出万用表两表笔导线的电阻值。

提示:

两表笔直接接触,显示屏上显示的数值即为电阻挡的误差值。

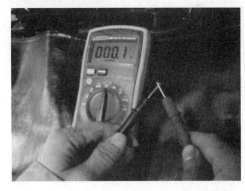

5 断开ECM连接器。

9 将大头针插入1缸喷油器连接器 B9-1或B9-2 端子内。

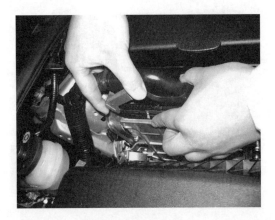

129

10 将大头针插入ECM连接器B31-108(#10)端子内。

提示：

不允许将数字万用表的测试表笔直接插入连接器端子内，以防止端子损坏。

11 线束断路检测。检测B9-2、B31-108(#10)导线之间的电阻值（喷油器总成~ECM之间）。

提示：

（1）用万用表电阻挡检测。
（2）测出万用表两表笔导线的电阻值。
（3）万用表量程为200Ω挡位。
（4）断开各个开关。
（5）标准值<1Ω。

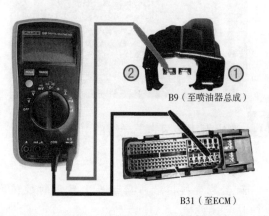

B9（至喷油器总成）

B31（至ECM）

12 线束断路检测。检测B9-1与电源来源间导线之间的电阻值[集成继电器（IG2继电器）~喷油器总成]。

提示：

（1）用万用表电阻挡检测。
（2）测出万用表两表笔导线的电阻值。
（3）万用表量程为200Ω挡位。
（4）断开各个开关。
（5）标准值<1Ω。

13 线束短路检测。检测B9-2或B31-108(#10)与车身搭铁之间的电阻值(喷油器~ECM之间)。

提示：

（1）用万用表电阻挡检测。
（2）测出万用表两表笔导线的电阻值。
（3）万用表量程为20MΩ挡位。
（4）断开各个开关。
（5）标准值为10kΩ或更大。

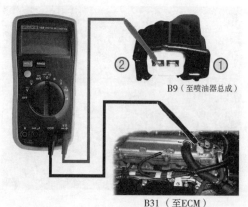

B9（至喷油器总成）

B31（至ECM）

14 线束短路检测。检测B9-1与车身搭铁之间的电阻值。

提示：

（1）用万用表电阻挡检测。
（2）测出万用表两表笔导线的电阻值。
（3）万用表量程为20MΩ挡位。
（4）断开各个开关。
（5）标准值为10kΩ或更大。

B9（至喷油器总成）

B9（至搭铁）

15 重新连接喷油器总成连接器。

16 重新连接ECM连接器。

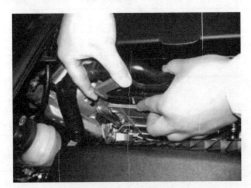

17 连接蓄电池负极。

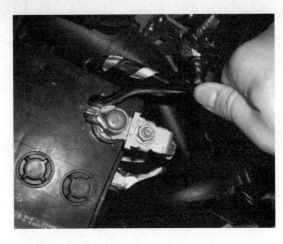

18 结果判断。

提示：

异常：维修或更换线束或连接器（喷油器总成~ECM）；

正常：更换ECM（查看维修手册相关内容）。

八 考核标准

考核标准表

考核时间	序号	考核项目	满分	评分标准	得分
40min	1	清理工位、清点工具	4分	酌情扣分	
	2	前期准备	3分	操作不当扣3分	
	3	确认喷油器总成所在位置	2分	操作不当扣2分	
	4	断开喷油器总成连接器	2分	操作不当扣2分	
	5	借用大头针，将大头针插入1缸喷油器连接器B9-1端子内	3分	选取不当扣3分	
	6	测出万用表两表笔导线的电阻值	2分	操作不当扣2分	
	7	万用表电压挡	1分	操作不当扣1分	
	8	万用表调至直流电压挡位	1分	操作不当扣1分	
	9	将点火开关置于ON位置	2分	操作不当扣2分	
	10	检测电压B9-1与车身搭铁之间的电压值	3分	选取不当扣3分	
	11	关闭点火开关置于LOCK位置	2分	操作不当扣2分	
	12	重新连接喷油器总成连接器	2分	操作不当扣2分	
	13	重新确认关闭点火开关	2分	操作不当扣2分	
	14	确认喷油器总成所在位置	1分	操作不当扣1分	
	15	断开喷油器总成连接器	2分	操作不当扣2分	
	16	万用表电阻挡	1分	选取不当扣1分	
	17	测出万用表两表笔导线的电阻值	3分	操作不当扣3分	

续上表

考核时间	序号	考核项目	满分	评分标准	得分
40min	18	检测喷油器总成端子间的电阻值	3分	操作不当扣3分	
	19	关闭点火开关置于LOCK位置	2分	操作不当扣2分	
	20	重新连接喷油器总成连接器	2分	操作不当扣2分	
	21	重新将点火开关置于LOCK位置	2分	操作不当扣2分	
	22	断开蓄电池负极	2分	操作不当扣2分	
	23	确认喷油器总成所在位置	2分	操作不当扣2分	
	24	断开喷油器总成连接器	2分	选取不当扣2分	
	25	断开ECM连接器	2分	操作不当扣2分	
	26	万用表电阻挡	2分	选取不当扣2分	
	27	测出万用表两表笔导线的电阻值	3分	操作不当扣3分	
	28	将大头针插入1缸喷油器连接器B9-2端子内	3分	操作不当扣3分	
	29	将大头针插入ECM连接器B31-108(#10)端子内	3分	操作不当扣3分	
	30	断路检测：检测B9-2、B31-108(#10)导线之间的电阻值（喷油器总成~ECM之间）	3分	操作不当扣3分	
	31	将大头针插入1缸喷油器连接器B9-1端子内	3分	选取不当扣3分	
	32	断路检测：检测B9-1与电源来源导线之间的电阻值（集成继电器（IG2继电器）~喷油器总成）	3分	操作不当扣3分	
	33	短路检测：检测B9-2或B31-108(#10)与车身搭铁之间的电阻值（喷油器~ECM之间）	3分	操作不当扣3分	
	34	线束短路检测：检测B9-1与车身搭铁之间的电阻值	3分	操作不当扣3分	
	35	重新连接喷油器总成连接器	2分	操作不当扣2分	
	36	重新连接ECM连接器	2分	选取不当扣2分	
	37	连接蓄电池负极	2分	操作不当扣2分	
	38	结果判断	3分	选取不当扣3分	
	39	在规定时间完成	4分	酌情扣分	
	40	填写工单	4分	酌情扣分	
	41	5S工作	4分	酌情扣分	
遵守相关安全规范				因违规操作造成人身和设备事故的，总分按0分计	
分数合计			100分		

人民交通出版社汽车类中职教材部分书目

书　号	书　名	作　者	定　价	出版时间	课　件
一、全国交通运输职业教育教学指导委员会规划教材　　教育部中等职业教育汽车专业技能课教材					
978-7-114-12216-3	汽车文化	李青、刘新江	38.00	2017.03	有
978-7-114-12517-1	汽车定期维护	陆松波	39.00	2017.03	有
978-7-114-12170-8	汽车机械基础	何向东	37.00	2017.03	有
978-7-114-12648-2	汽车电工电子基础	陈文均	36.00	2017.03	有
978-7-114-12241-5	汽车发动机机械维修	杨建良	25.00	2017.03	有
978-7-114-12383-2	汽车传动系统维修	曾丹	22.00	2017.03	有
978-7-114-12369-6	汽车悬架、转向与制动系统维修	郭碧宝	31.00	2017.03	有
978-7-114-12371-9	汽车发动机电器与控制系统检修	姚秀驰	33.00	2017.03	有
978-7-114-12314-6	汽车车身电气设备检修	占百春	22.00	2017.03	有
978-7-114-12467-9	汽车发动机及底盘常见故障的诊断与排除	杨永先	25.00	2017.03	有
978-7-114-12428-0	汽车自动变速器维修	王健	23.00	2017.03	有
978-7-114-12225-5	汽车网络控制系统检修	毛叔平	29.00	2017.03	有
978-7-114-12193-7	新能源汽车结构与检修	陈社会	38.00	2017.03	有
978-7-114-12209-5	汽车检测与诊断技术	蒋红梅、吴国强	26.00	2017.03	有
978-7-114-12565-2	汽车检测设备的使用与维护	刘宣传、梁钢	27.00	2017.03	有
978-7-114-12374-0	汽车维修接待实务	王彦峰	30.00	2017.06	有
978-7-114-12392-4	汽车保险与理赔	荆叶平	32.00	2017.06	有
978-7-114-12177-7	汽车维修基础	杨承明	26.00	2017.03	有
978-7-114-12538-6	汽车商务礼仪	赵颖	32.00	2017.06	有
978-7-114-12442-6	汽车销售流程	李雪婷	30.00	2017.06	有
978-7-114-12488-4	汽车配件基础知识	杨二杰	20.00	2017.03	有
978-7-114-12546-1	汽车配件管理	吕琪	33.00	2017.03	有
978-7-114-12539-3	客户关系管理	喻媛	30.00	2017.06	有
978-7-114-12446-4	汽车电子商务	李晶	30.00	2017.03	有
978-7-114-13054-0	汽车使用与维护	李春生	28.00	2017.04	有
978-7-114-12382-5	机械识图	林治平	24.00	2017.03	有
978-7-114-12804-2	汽车车身电气系统拆装	张炜	35.00	2017.03	有
978-7-114-12190-6	汽车材料	陈虹	29.00	2017.03	有
978-7-114-12466-2	汽车钣金工艺	林育彬	37.00	2017.03	有
978-7-114-12286-6	汽车车身与附属设备	胡建富、马涛	22.00	2017.03	有
978-7-114-12315-3	汽车美容	赵俊山	20.00	2017.03	有
978-7-114-12144-9	汽车构造	齐忠志	39.00	2017.03	有
978-7-114-12262-0	汽车涂装基础	易建红	30.00	2017.04	有
978-7-114-13290-2	汽车美容与装潢经营	邵伟军	28.00	2017.04	有
二、中等职业教育国家规划教材					
978-7-114-12992-6	机械基础（少学时）（第二版）	刘新江、袁亮	34.00	2016.06	有
978-7-114-12872-1	汽车电控发动机构造与维修（第三版）	王囤	32.00	2016.06	有
978-7-114-12902-5	汽车发动机构造与维修（第三版）	张嫣、苏畅	35.00	2016.05	有
978-7-114-12812-7	汽车底盘构造与维修（第三版）	王家青、孟华霞、陆志琴	39.00	2016.04	有
978-7-114-12903-2	汽车电气设备构造与维修（第三版）	周建平	43.00	2016.05	有
978-7-114-12820-2	汽车自动变速器构造与维修（第三版）	周志伟、韩彦明、顾雯斌	29.00	2016.04	有
978-7-114-12845-5	汽车使用性能与检测（第三版）	杨益明、郭彬	25.00	2016.04	有
978-7-114-12684-0	汽车材料（第三版）	周燕	31.00	2016.01	有
三、教育部职业教育与成人教育司推荐教材（技能型紧缺人才培养培训教材）					
978-7-114-11700-8	汽车文化（第二版）	屠卫星	35.00	2016.05	有
978-7-114-12394-8	汽车认识实训（第二版）	宋麓明	12.00	2015.10	有
978-7-114-11544-8	汽车机械基础（第二版）	凤勇	39.00	2016.05	有
978-7-114-12395-5	钳工实训（第二版）	石德勇	15.00	2016.05	有

书　号	书　名	作　者	定　价	出版时间	课　件
978-7-114-13199-8	汽车电工与电子基础（第二版）	任成尧	25.00	2016.09	有
978-7-114-08546-8	汽车电工电子基础（新编版）	张成利、张智	29.00	2016.04	有
978-7-114-08594-9	汽车发动机构造与维修（新编版）	王会、刘朝红	33.00	2016.05	有
978-7-114-09157-5	汽车发动机构造与维修习题集	邵伟军、李玉明	18.00	2016.05	
978-7-114-08560-4	汽车底盘构造与维修（新编版）	丛树林、张彬	27.00	2016.06	有
978-7-114-09160-5	汽车底盘构造与维修习题集	陈敬渊、刘常俊	25.00	2015.07	
978-7-114-08606-9	汽车电气设备构造与维修（新编版）	高元伟、吕学前	25.00	2016.06	有
978-7-114-09156-8	汽车电气设备构造与维修习题集	杜春盛、席梦轩	18.00	2015.07	
978-7-114-12242-2	汽车典型电路分析与检测	宋波舰	45.00	2015.08	有
978-7-114-11808-1	汽车典型电控系统构造与维修（第二版）	解福泉	38.00	2015.02	
978-7-114-12450-1	汽车车身电气及附属电气设备检修（第二版）	韩飒	36.00	2015.10	有
978-7-114-08603-8	汽车故障诊断技术（新编版）	戈国鹏、赵龙	22.00	2016.01	有
978-7-114-11750-3	汽车安全驾驶技术（第二版）	范立	39.00	2016.05	
978-7-114-08749-3	汽车实用英语（新编版）	赵金明、林振江	18.00	2015.02	有
978-7-114-12871-4	汽车车身修复技术（第二版）	黄平	26.00	2015.06	
四、职业院校汽车运用与维修专业实训教材					
978-7-114-08057-9	▲汽车发动机常见维修项目实训教材	中国汽车维修行业协会	29.00	2016.06	有
978-7-114-08030-2	▲汽车底盘常见维修项目实训教材	中国汽车维修行业协会	39.00	2015.12	有
978-7-114-08058-6	▲汽车电器常见维修项目实训教材（黑白版）	中国汽车维修行业协会	18.00	2016.06	有
978-7-114-08224-5	汽车维修常用工量具使用（黑白版）	中国汽车维修行业协会	16.00	2016.06	有
978-7-114-08464-5	汽车维修常用工量具使用（彩色版）	中国汽车维修行业协会	30.00	2016.07	有
978-7-114-09023-3	▲汽车钣金常见维修项目实训教材	中国汽车维修行业协会	38.00	2016.05	
978-7-114-09327-2	▲汽车喷漆常见维修项目实训教材	中国汽车维修行业协会	40.00	2016.04	
五、国家示范性中等职业学校重点建设专业教材					
978-7-114-08418-8	▲汽车发动机维修实训教材	朱军、汪胜国	30.00	2016.07	
978-7-114-08523-9	▲汽车发动机电控系统故障诊断实训教材	汪胜国、李东江	30.00	2016.07	
978-7-114-13597-2	▲汽车维护实训教材（第二版）	朱军、汪胜国、王瑞君	34.00	2017.04	有
978-7-114-13508-8	汽车维修基础技能实训教材（第二版）	朱军、汪胜国、陆志琴	32.00	2016.12	有
978-7-114-08541-3	▲汽车底盘和车身电器检测实训教材	汪胜国、李东江	17.00	2011.02	
978-7-114-11101-3	汽车电器维修理实一体化教材	王成波、忻状存	32.00	2016.06	
978-7-114-11417-5	汽车底盘维修理实一体化教材	郑军强	43.00	2014.08	
978-7-114-11510-3	汽车自动变速维修理实一体化教材	杨婷	22.00	2014.09	
978-7-114-11420-5	汽车空调系统维修理实一体化教材	方作棋	20.00	2016.05	
978-7-114-11421-2	汽车发动机性能检测理实一体化教材	颜世凯	30.00	2014.09	
978-7-114-12530-0	汽车钣金理实一体化教材	林育彬	30.00	2015.11	有
978-7-114-12525-6	汽车喷漆理实一体化教材	葛建峰、叶诚昕	30.00	2015.11	有
六、中等职业学校汽车运用与维修专业新课程教学用书					
978-7-114-10793-1	▲汽车发动机构造与拆装工作页（第二版）	武华、武剑飞	32.00	2016.06	
978-7-114-10771-9	▲汽车底盘构造与拆装工作页（第二版）	武华、何才	26.00	2016.06	
978-7-114-10719-1	汽车自动变速器维修工作页（第二版）	巫兴宏、齐忠志	21.00	2016.06	
978-7-114-10768-9	汽车发动机电器维修工作页（第二版）	林文工、李琦	24.00	2016.07	
978-7-114-10837-2	汽车发动机控制系统检测与维修工作页（第二版）	陈高路、蔡北勤	40.00	2015.08	
978-7-114-10776-4	汽车传动系统维修工作页（第二版）	邱志华、张发	24.00	2016.06	
978-7-114-10777-1	汽车制动系统维修工作页（第二版）	庞柳军、曾晖泽	24.00	2016.05	
978-7-114-10739-9	汽车空调系统维修工作页（第二版）	林志伟	28.00	2015.11	
978-7-114-10794-8	汽车悬架与转向系统维修工作页（第二版）	刘付金文、徐正国	24.00	2016.05	
978-7-114-10700-9	汽车车身电器维修工作页（第二版）	蔡北勤	24.00	2016.07	
978-7-114-10699-6	汽车发动机机械维修工作页（第二版）	刘建平、段群	25.00	2016.06	

▲为中等职业教育改革创新示范教材
咨询电话：010-85285962；010-85285977. 咨询QQ：616507284；99735898